高等院校艺术学门类"十四五"系列教材

U0641606

企业视觉形象系统设计

主编 ◎ 苏亚飞

华中科技大学出版社
http://press.hust.edu.cn
中国·武汉

内 容 简 介

本书分为 CI 概述、企业视觉形象系统基础部分、企业视觉形象系统应用部分、编制 VI 手册四个部分。本书从整体的企业识别(CI)设计理念入手,系统阐述了理念识别(MI)、行为识别(BI)和视觉识别(VI)三个组成部分;以 VI 为核心内容,对 VI 设计进行了较为系统的分析和解读。本书通过直观的经典案例,解析 VI 基础部分(如企业的标志、标准字、标准色、辅助色、辅助图形、吉祥物、基本元素组合规范等)、VI 应用部分(如办公事务用品、包装、广告、旗帜、环境指示、服装、交通工具等)各设计项目的设计原则和方法,引导读者建立并提升 VI 设计的认知水平和实践能力。本书知识结构合理、图文案例鲜活、体系完整,不仅适合作为艺术设计专业相关课程的教材,而且可为从事 VI 策划设计相关工作及对该领域感兴趣的读者提供参考。书中的案例不乏传统经典案例,更融入近年来老字号品牌视觉形象创新设计的成功案例。本书特别关注了那些能够在保持传统精髓的同时,巧妙地融合现代设计手法进行创新的老字号品牌。

图书在版编目(CIP)数据

企业视觉形象系统设计 / 苏亚飞主编. -- 武汉 : 华中科技大学出版社, 2025. 6. -- ISBN 978-7-5772-1661-4

Ⅰ. F272-05

中国国家版本馆 CIP 数据核字第 2025EF3816 号

企业视觉形象系统设计   苏亚飞   主编

Qiye Shijue Xingxiang Xitong Sheji

策划编辑:彭中军

责任编辑:李曜男

封面设计:孢 子

责任校对:李 琴

责任监印:朱 玢

出版发行:华中科技大学出版社(中国·武汉)   电话:(027)81321913

                武汉市东湖新技术开发区华工科技园   邮编:430223

录   排:华中科技大学惠友文印中心

印   刷:武汉科源印刷设计有限公司

开   本:889 mm×1194 mm   1/16

印   张:10

字   数:243 千字

版   次:2025 年 6 月第 1 版第 1 次印刷

定   价:69.00 元

作者简介

　　苏亚飞,女,武汉人,教授、湖北省高级工艺美术师,智慧树高等教育研究院特聘专家、湖北省高等教育学会艺术设计专业委员会委员,武汉大学访问学者,主要从事视觉传达设计专业的教学工作,研究方向为品牌形象设计、导视系统设计,主持湖北省一流本科课程企业视觉形象系统设计项目,主持省级、厅局级教、科研项目6项,主编教材10余部。

在当今这个充满视觉信息的时代,企业视觉形象的构建与传播显得愈发重要。企业的视觉形象如同一个人的外表和气质,是其内在价值和理念的直观展现。VI(visual identity)设计,又叫视觉识别系统,是以标志、标准字、标准色为核心的完整的、系统的视觉表达体系,能将企业理念、企业文化、服务内容、企业规范等抽象概念转换为具体记忆和可识别的形象符号,从而塑造出具有排他性的企业形象。VI设计的目的是通过对这些元素的规划和应用,帮助企业在市场中树立独特的形象,并增强其品牌知名度和影响力。企业视觉形象通过对其核心要素的巧妙组合,形成视觉冲击,是一种强有力的沟通工具,传递出企业的精神内核,建立起与消费者的情感链接。因此,VI设计师不仅需要具备良好的审美能力,还需要深刻理解企业定位、市场需求与消费者心理。本书将引导读者从认识基础概念开始,逐步深入了解基础要素和应用要素部分。

本书分为CI概述、企业视觉形象系统基础部分、企业视觉形象系统应用部分、编制VI手册四个部分。书中不乏传统经典案例,更融入近年来老字号品牌视觉形象创新设计的成功案例。本书特别关注了那些能够在保持传统精髓的同时,巧妙地融合现代设计手法进行创新的老字号品牌。

苏亚飞承担本书20余万字的编写工作。本书是编者从事多年企业视觉形象系统设计教学和设计工作的一个总结。为使课程内容和教学资源更好地适应时代发展和行业需求,编者在课程教学改革过程中对课程内容进行了更新重组并进行了模块化设计。2023年,本课程被认定为湖北省一流本科课程;2024年,"企业视觉形象系统设计"课程被认定为湖北高校省级本科课程思政优秀项目。这些荣誉不仅是对课程质量的认可,而且是对武昌工学院师生的肯定。

本书在编写过程中参考了VI设计相关书籍、论文和图例,在此特向有关作者致谢。同时,本书选用了苏亚飞老师指导的武昌工学院视觉传达设计专业部分学生课程作品,在此向他们一并致谢!

本书尚存在不足之处,有待完善,恳请有关专家和广大读者斧正。

苏亚飞
武昌工学院

目录
Contents

Qlye Shijue Xingxiang Xitong Sheji

第一章

CI 概述

CI 概述

第一节　CI 释义及发展历程

一、CI 释义

CI 是英文 corporate identity 的缩写,意思是团体的统一性或个性。identity 的动词形式为 identify,意为识别、鉴定、认同。因此,我们也可将 CI 理解为机构或企业的识别。CIS 是英文 corporate identity system 的缩写,较为准确的汉译是企业识别系统。CI 是将企业的经营理念、企业文化、服务特质、企业活动等相关信息通过视觉传达的形式传递给企业的相关者或消费者的一种活动。

企业识别就是指围绕着企业的多层关系者,透过商标等视觉要素让大家产生的态度及对大家形成的效果的总和。关系者包括消费者、股东、投资者、员工、金融机构、有关联的企业、新闻记者、政府、公共团体等。值得注意的是,知识水准不同的人对同一家企业的印象常会不同,各关系者也可能因为不了解企业而产生非常离谱的印象。矫正关系者对企业的分歧印象或离谱印象,便是公司信息传递的目的。鉴于"企业识别"一词的多义性,一句简短的语言难以概括其丰富的含义,我们将这些含义综合起来作较全面的诠释。

CI 释义

第一,认知意义上的企业识别,表明企业自身的身份与性质。例如,当我们看到格力、可口可乐两个标志(见图 1.1 和图 1.2)时,我们很快会由前者想到空调、由后者想到饮料。

图 1.1　格力标志

图 1.2　可口可乐标志

第二,传播意义上的企业识别,对内表明一个组织内部的某种同一性,对外表示本组织的个性存在以及区别于其他组织的差异性。例如,中国国际航空公司(见图 1.3)的服务体系有同一性,不论乘客是哪个国家和民族的,其享受的服务都是相同的。

第三,社会意义上的企业识别,表明个体意识到自己归属于某一群体,思想意识、行为等都要服从

图 1.3　中国国际航空公司标志

制度,从而使这一群体中的个体互相沟通和认同,相互协作与支持,如企业的分公司、子公司与总公司的关系。

　　总之,企业识别就是一个企业借助直观的标示符号和内在的理念等证明自身性与内在同一性的传播活动,其显著的特点是同一性和差异性。

二、发展历程

　　CI 是在不断演变与更新过程中发展并成熟起来的。20 世纪 20 年代以来,欧洲企业识别从单纯的标志设计和形象塑造开始,经历了一个较长的发展过程。直到 20 世纪 50 年代初期,CI 逐渐向形象战略方向发展,真正意义上的 CI 由此开始。

(一)CI 在欧洲起源

　　德国通用电气公司(AEG)最早重视商标设计,聘请彼得·贝伦斯(见图 1.4)做公司的设计顾问并参与商标设计。为区别不同企业的同类产品,彼得·贝伦斯将设计的商标应用到企业生产的系列产品上。不仅如此,他还将 AEG 商标印在了企业办公用品上。AEG 商标在信封、信纸上的出现,引领了形象识别的开端,商标的使用范围被扩大,企业形象不只是单纯与产品相关联,还可以通过包装及其他事物得以展现。这一举措引起了企业关系者的普遍关注,视觉形象识别由此开始,但是这时还不能称之为 CI。AEG 的标志和应用分别如图 1.5 和图 1.6 所示。

CI 发展历程

　　AEG 商标的设计也伴随着时代的发展,从使用当时新艺术运动时期流畅、婀娜的字体线条,逐渐演变成使用契合产品特质的力量感十足的印刷体的字体造型,如图 1.7 所示,文字造型简单、易于识别,字体结构硬朗稳定,与企业形象、产品品质相符。这一形象一直沿用至今,成为德国乃至世界著名的标志之一。

彼得·贝伦斯 （Peter Behrens，1868—1940年）

彼得·贝伦斯，德国现代设计之父，是德国现代主义设计的重要奠基人之一，在建筑和工业设计方面的深远影响一直延续到今天。他将工业设计规格化，为德国通用电气公司(AEG)设计企业形象，设计了统一的形式语言，开创了现代公司识别计划的先河。他培养了世界现代建筑五位大师中的三位，密斯·凡·德·罗、瓦尔特·格罗皮乌斯与勒·柯布西耶均是他的学生。

1868年4月14日生于德国汉堡，于卡尔斯鲁厄、杜塞尔多夫与慕尼黑的艺术学院与工业学校学习
1890年起于慕尼黑从事艺术工作
1893年慕尼黑分离派成立者之一
1897年艺术与手工艺联盟成立者之一
1900年加入由艺术家、建筑师、设计师组成的"七人团"，开始建筑设计活动
1907年成为德意志制造联盟的推进者与领袖人物，同年受聘担任德国通用电气公司的艺术顾问，开始了作为工业设计师的职业生涯

图 1.4　彼得·贝伦斯

图 1.5　德国通用电气公司（AEG）标志

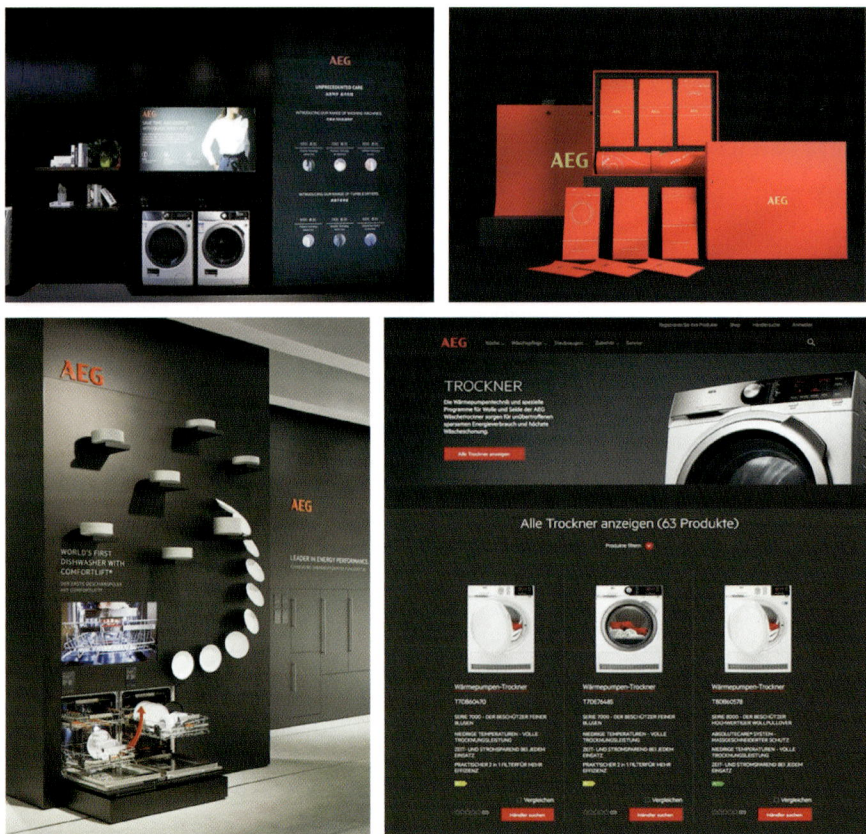

图 1.6　AEG 标志在企业视觉形象系统中的应用

伦敦地铁公司形象设计是 CIS 设计的雏形。全面、完善的形象策划与设计，方方面面的应用使伦

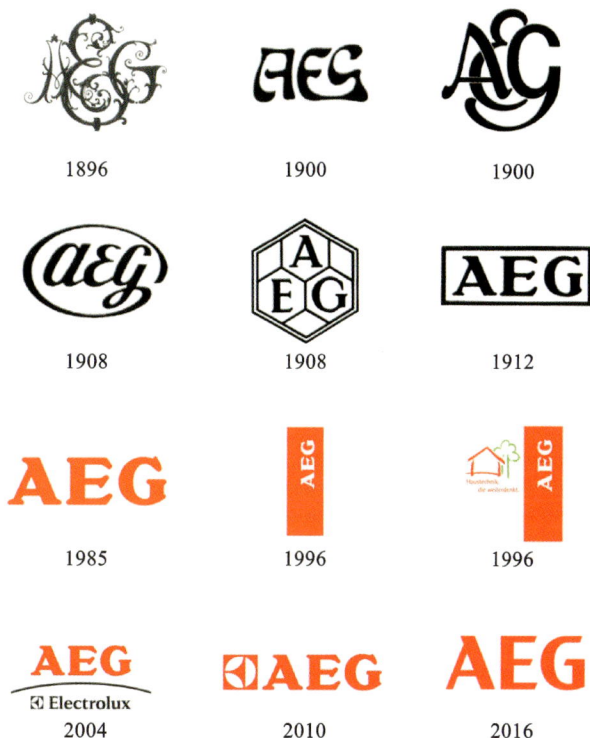

图 1.7　AEG 标志演变

敦地铁站自上而下、自内而外都带有明显的识别符号。大范围、全方位的形象推广,使伦敦地铁成为世界知名度最高的地铁品牌之一。红色圆环与蓝色横条的组合,搭配爱德华·约翰斯顿专门为伦敦地铁公司设计的一套白色标准无衬线体"铁路体",使地铁标志设计简洁明了、色彩清晰、形象完整、辨识度高。英国地铁形象设计从 1908 年开始,50 年后才完善,其中涉及人员广泛,著名的设计师、艺术家纷纷投入不同门类的地铁形象设计中,大到站台的建筑设计、机车设计,小到海报设计、车票设计,均融入了设计师的思想。由一个圆形红蓝标志引发的一系列完整的形象设计,不再局限于将标志印在信封、信纸上,而是拓展了应用范围,涉及空间环境、产品使用、行驶安全指导、宣传推广等。今天,在伦敦街头,圆形红蓝标志清晰准确地指引着人们行走的方向。同时,伦敦地铁公司形象设计也带动其他国家和地区公共交通形象的完善与推广,成为早期公共交通设施形象设计的典范。今天的伦敦地铁大都会线依旧保留当年的风貌,发挥着强大的作用。伦敦地铁公司形象设计如图 1.8 至图 1.13所示。

　　欧洲的 CIS 设计之路发展平稳。欧洲的经济高度发达,人们物质生活优良,对中低端产品价格反应较小,导致欧洲人品牌意识较强,对无标志、无形象的产品的认可度低。欧洲的品牌从不轻视形象塑造,导致欧洲处处皆品牌,品牌文化带动了欧洲的经济发展。欧洲的设计温和,注重理性与感性的结合,风格简约、崇尚自然、强调视觉舒适感,没有激烈的色彩与图形的碰撞。正是这种质朴韵味,常导致人们认为欧洲设计保守低调。

　　例如,奔驰是世界著名的汽车品牌,以高质量、高性能的汽车产品闻名于世。除了高档豪华轿车外,奔驰公司还是世界上最著名的大客车和重型载重汽车的生产厂家之一。通过图片可以了解奔驰

图 1.8　伦敦地铁

图 1.9　伦敦地铁标志

图 1.10　伦敦地铁车厢

图 1.11　伦敦地铁站指示标识

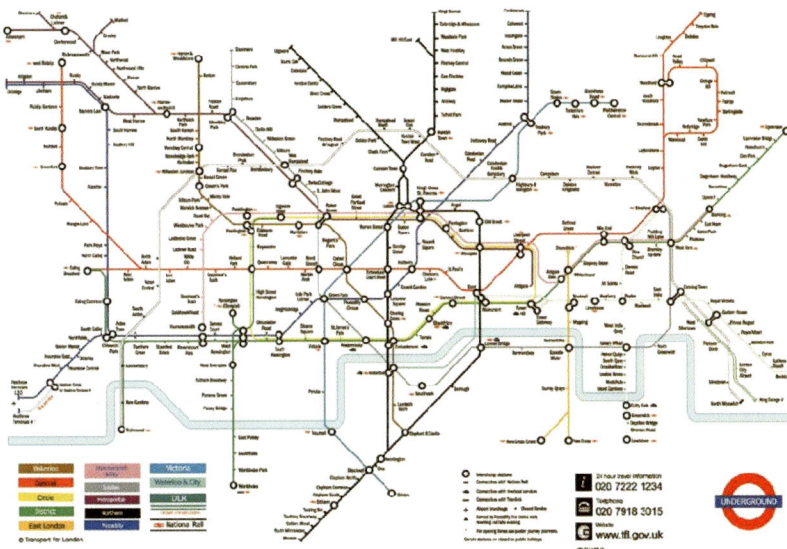

图 1.12　伦敦地铁线路图

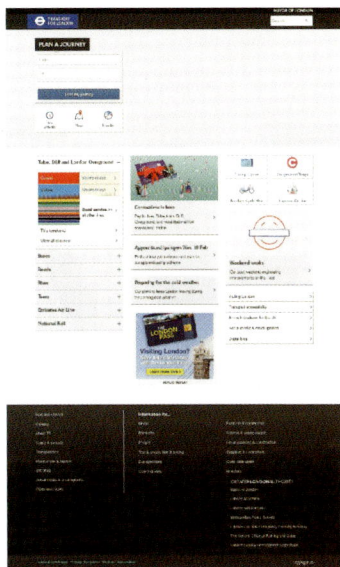

图 1.13　伦敦地铁公司网站

公司的发展过程及企业形象的演变成熟过程,如图 1.14 所示。奔驰公司不单纯在汽车产品中强化企业形象,更注重多元化的宣传推广,在市场展览会、奔驰博物馆、产品服务、高品质辅助产品等方面都注重塑造企业高端、精致、完美的形象。

又如,自 1854 年代代相传至今的路易威登(见图 1.15),以卓越品质、杰出创意和精湛工艺成为时尚旅行艺术的象征。

再如,飞利浦(见图 1.16)于 1891 年在荷兰成立,主要生产照明、家用电器、医疗系统方面的产品。飞利浦现已发展成为一家大型跨国公司,是世界上领先的健康科技公司。

Mercedes-Benz

MERCEDES

1902—1909年企业形象

1909—1916年企业形象　　1916—1926年企业形象　　1926—1980年企业形象

图 1.14　1902—1980 年奔驰企业形象及其演变

LV

LOUIS VUITTON

图 1.15　路易威登标志

PHILIPS

PHILIPS

图 1.16　飞利浦标志

(三)CI在日本成熟

日本在 CIS 观念的引进与企业经营的导入领域比欧美国家晚了一二十年,但其重视的程度和执行的力度却非同一般。日本将美国创造的 CIS 观念与富有日本特色的"企业一家"的文化理念相结合,从而创造出富有日本民族特色的 CIS 观念,形成世人瞩目的"日本型"CIS 战略(在后来被简称为 CI 战略)。例如富山县美术馆的品牌标志的元素来自日文中富山的 T、艺术的 A 和设计的 D,缩写为"TAD",它象征着当地白色的立山、清澈的蓝天和深蓝色的富山湾,如图 1.28 所示。使用几何形状将品牌设计形象进行动态扩展,体现了艺术和设计相结合的品牌概念。

图 1.28　富山县美术馆 VI 设计

20 世纪 60 年代,CI 战略引起日本企业的注意。1971 年,伊滕百货公司在日本实业界率先导入 CI 计划。同年,第一银行和劝业银行合并成第一劝业银行,借此机会,也导入 CI 计划。1975 年,为改变公司的老旧形象,伊势丹百货公司也导入了 CI 计划;日本东洋工业公司推出 CI 战略,将其名字更改为马自达汽车公司,并邀请专家组成开发小组,负责 CI 计划的推进、改良、试验、修正等,为日本企业识别系统树立了典范。1975 年,导入 CI 计划的公司还包括美能达、白鹤清酒、三井银行、NTT 公司等。20 世纪 70 年代末至 80 年代初,CI 在日本形成高潮,松屋百货、亚瑟士体育用品、麒麟啤酒、美津浓体育用品等企业纷纷建立了 CI 新形象。

CI 在日本的发展传播大体上分为以下四个时期。

第一个时期是 VI(视觉统一和标准化)时期,时间为 20 世纪 70 年代前期。

第二个时期是企业理念和经营方针的再构筑时期,时间为 20 世纪 70 年代后期。

第三个时期是意识改革、体制改革时期,时间为 20 世纪 80 年代前期。

第四个时期是事业开发和事业领域的制订时期,时间为 20 世纪 80 年代后期至今。

日本在不断完善 CIS 设计的过程中,建立了全新层次的理念识别、行为识别、视觉识别的理论基础,明确了三者的关系与各自的作用,以及三者与 CIS 的主从地位,形成了一套完整的教科书式的 CIS 理论并推广应用,如图 1.29 所示。日本的 CIS 是重企业理念与企业文化的企业形象推广系统,是对

图 1.29　SICF18 VI 设计

美国 CIS 设计的改造与升华,也是 CIS 走向成熟的标志。

(四)CI 在中国延续

在中国台湾,官方和民间协会组织的通力合作,是推动 CIS 朝本土化方向发展的有效驱动力。银行金融机构、博物馆、艺术馆等单位率先委托设计公司负责形象规划,促使一大批专业的 CIS 设计公司兴起。20 世纪 80 年代以来,声宝、宏碁等一大批本土自创品牌在经过 CIS 形象策划之后纷纷活跃起来。

虽然中国台湾 CIS 设计还保留了部分日本 CIS 设计的特点,但是自身的儒家文化背景使中国台湾 CIS 更具文化内涵,形象策略内敛平实,设计表现活力张扬,整体更具东方文化底蕴和中国地域特色。

与中国台湾不同,中国香港的 CIS 发展有其自身的特点。由于特殊的历史背景,中国香港在设计表现上受欧洲和英国影响较明显,拥有西方化的国际视野。特殊的地理位置也使中国香港成为东西方国际交流平台。西方的外在形式与文明,东方的内在文化与精神,使中国香港 CIS 设计的表达形式更具融合性、交汇性和包容性,如图 1.30 所示。

中国香港基于融合性的社会环境、多元化的设计风格和理念、多文化的冲突与融合创造出全新的设计概念与潮流。在中国香港,本土化设计概念较为模糊,西方的美学标准和根深蒂固的中国传统元素的碰撞,使设计结果带有中西兼容、古今并存、雅俗共赏的视觉效果和全新的文化内涵,如图 1.31 所示。以陈幼坚为代表的香港本土设计师,巧妙地将中国传统元素与西方设计理念相结合。

图 1.30　品学堂品牌视觉形象设计

图 1.31　mira moon 酒店 VI 设计

20 世纪 80 年代中后期,CIS 理论在改革开放的前沿省份广东等地试行。1988 年,广东新境界设计公司成立并接受广东太阳神公司的委托,策划、设计"太阳神"企业 CI 系统。凭借对"太阳神"CI 战略实施经营管理的控制,以及设计的形象识别要素在企业内部和市场经营中发挥的重要作用,广东太阳神公司以惊人的速度占领了市场,如图 1.32 所示。

广东太阳神公司导入 CI 系统取得的巨大成功,开始被中国企业界、设计界逐渐认识,康佳、海尔、长虹、联想等众多国内知名品牌,通过企业形象设计来体现企业文化和经营理念,为走向国际市场打下坚实的基础,如图 1.33 和图 1.34 所示。

进入 21 世纪,随着改革开放的深入、市场竞争的多元化、经济信息化与创新水平的不断提高,科学技术融入产品与企业管理。在纷杂的市场环境下,许多企业在快速成长期过后迅速滑落,甚至消失。

图 1.32　太阳神视觉形象系统

图 1.33　长虹视觉形象识别系统基础部分

图 1.34　联想新标志

　　企业的生存具有发展、成长、成熟、衰退的周期规律,每一阶段中的竞争状况不同。和所有的企业一样,我国的企业在创建之初都雄心勃勃,但是实际情况却令人遗憾。我国中小企业的平均寿命仅2.5年,集团企业的平均寿命仅7至8年。当然也不乏像张小泉(见图1.35)、全聚德、同仁堂、老凤祥(见图1.36)这样拥有百年历史的老字号,也有在20世纪建立的永久、百雀羚(见图1.37)、恒源祥、郁美净这样拥有数十年历史的老企业,但是和欧洲拥有上百年历史的企业相比,我们的企业缺少活力,更缺少竞争力。同时在经历改革开放的过程中,这些企业或大或小都受到了来自国内和国际市场竞争的冲击,经营处于亏损状态的企业比比皆是。拥有数十、数百年历史的企业尚且如此,刚刚成立的企业更不用说了,同样面临巨大的压力。当然也有在改革开放大潮中像海尔、娃哈哈、联想这样成功的企业。

图1.35　张小泉

　　近些年,国内众多消失许久的传统老字号以全新形象重回大众视野,其华丽的转身无疑为老国货们的复兴提供了借鉴。百雀羚、美加净、恒源祥、山海关汽水等老品牌回归,一方面在企业形象塑造中不约而同地将继承企业的传统精髓与不断锐意创新结合起来,用独特的文化内涵与时代格调充实完善,实现老字号品牌整体价值的提升;另一方面注重企业传统文化内涵的整合传承,通过视觉形象再现企业精神,弘扬品牌传统形象的精髓和底蕴,进行细化处理,借以延续消费者的记忆印象,为企业注入新的元素,为企业赋予新的生命力。这也是我国企业"活化"形象的新举措。

　　有着百年历史的山海关汽水于2014年夏天重装上阵。再次面世的老品牌,保持人们怀念的老味道,在品牌形象塑造上提出"经典复刻、复古流行、百年贵族和时代巅峰"的理念,以原标志为基础,对文字字体笔画重新进行梳理,柔化线条,并清晰化笔画结构,做到更易识别。标志颜色以蓝白相间为主调,强调山海关的地理位置(见图1.38)。汽水瓶整体造型挺拔,瓶身线条流畅,瓶身曲线贴合手掌,具有较好的握持感。品牌形象和汽水瓶身外观设计都令人耳目一新,如图1.39所示。

图 1.36　老凤祥

图 1.37　百雀羚

(a) 老标志

(b) 新标志

图 1.38　山海关汽水新老标志对比

图 1.39　山海关汽水广告

第二节　CI 的构成

视觉识别系统是运用系统、统一的视觉符号的系统。视觉识别是静态的识别符号具体化、视觉化的传达形式，项目最多，层面最广，效果最直接。视觉识别系统属于CIS 中的 VI，用完整、系统的视觉传达体系，将企业理念、文化特质、服务内容、企业规范等抽象语意转换为具体符号的概念，塑造出独特的企业形象。视觉识别系统分为基本要素系统和应用要素系统。基本要素系统主要包括企业名称、企业标志、标准字、标准色、象征图案、标语口号、吉祥物、专用字体等。应用要素系统主要包括办公事务用品、生产设备、建筑环境、交通工具、服装服饰、广告媒体、旗帜、产品包装、招牌、标识牌、陈列展示等。

CI 构成

视觉识别系统设计是最外在、最直接、最具有传播力和感染力的设计。该设计是将企业标志的基本要素，以强力方针及管理系统有效地展开，形成企业固有的视觉形象，透过视觉符号反映出经营者的理念、精神，有效地提升企业及其产品的知名度和形象。视觉识别系统设计将企业识别的基本精神充分地体现出来，使企业产品名牌化，同时促进产品进入市场。该系统设计通过视觉表现企业的经营理念和精神文化，形成独特的企业形象。

视觉识别系统将企业识别系统中最具传播力和感染力的部分体现出来并使其被大众接受，运用系统、统一的视觉符号系统，实现受众对企业或产品品牌形象的快速识别与认知，对于企业对外宣传和企业识别能产生最有效、最直接的作用。

企业视觉形象

系统的构成

视觉识别系统通过标志、标准色、专用字体等"基础规范"及办公事务、宣传识别、户外环境系统等"应用规范"提升整体品牌的识别度,形成统一完整的视觉形象,打造现代化、国际性品牌。

一、基本要素系统

(一)企业名称

企业名称与企业形象有着紧密的联系,是 CIS 设计的前提条件,采用文字来表现识别要素。企业名称要反映出企业的经营思想,体现企业理念;要有独特性,发音响亮并易识易读,注意谐音的含义,以避免引起不佳的联想。企业名称的文字要简洁明了,还要注意国际性,适应外国人的发音,以避免外语中的错误联想。

(二)企业标志

企业标志是特定企业的象征与识别符号,是 CIS 设计的核心。企业标志通过简练的造型、生动的形象来传达企业的理念、产品特性等信息。企业标志不仅要具有强烈的视觉冲击力,而且要表达出独特的个性和时代感,能够广泛地适应各种媒体、各种材料及各种用品的制作,如图 1.40 所示。

图 1.40　企业标志设计

(三)标准字

企业的标准字包括中文、英文和其他文字字体。标准字是根据企业名称、企业品牌名和企业地址等来进行设计的。标准字要有说明性,直接传达企业、品牌的名称并强化企业形象、提升品牌祈求力,可根据用途不同,采用企业的全称或简称来确定。字体的设计要求字形正确、富有美感并易于识读,在字体的线条粗细处理和笔画结构上要尽量清晰简化和富有装饰感。

(四)标准色

企业的标准色是用来象征企业并应用在视觉识别设计中所有媒体上的色彩。色彩可引起知觉刺激与心理反应,表现出企业的经营理念和产品内容的特质,体现出企业属性和情感。标准色在视觉识别符号中具有强烈的识别效应。标准色的确定要根据企业的行业属性,突出企业与同行的差别,并创造出与众不同的色彩效果。标准色的选用以国际标准色为标准,不宜过多,通常不超过三种颜色,如图 1.41 所示。

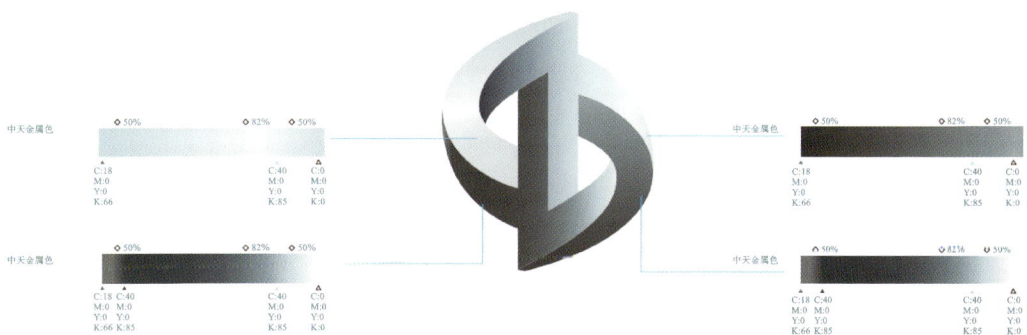

图 1.41　企业的标准色设计

(五)象征图案

企业的象征图案是为了配合基本要素在各种媒体上广泛应用而设计的,在内涵上要体现企业精神,起到衬托和强化企业形象的作用。造型丰富的象征图案可补充标志符号建立的企业形象,使标志符号意义更完整、更易识别、更具表现的幅度与深度。象征图案在表现形式上简单抽象并与标志图形形成既有对比又保持协调的关系,也可由标志或组成标志的造型内涵来进行设计,如图 1.42 所示。

(六)标语口号

企业提出的标语口号是企业理念的概括,是企业根据自身的营销活动或理念研究出来的文字宣传标语。企业的标语口号要求文字简洁、朗朗上口。准确、响亮的标语口号对内能激励职员为实现企业目标而努力,对外能表达出企业发展的目标和方向,深化企业在公众心里的印象。标语口号的主要作用是对企业形象和企业产品形象进行补充,使社会大众在瞬间的视听中了解企业思想,并对企业或产品留下难以忘却的印象。

辅助图形基本造型空间控制

发展空间标准颜色为中天蓝色空间色、中天银色空间色和中天未来红。空间标准色组合，呈现出未来现代及夺目的视觉风格，令人注意到我们传达信息。

中天蓝色空间色、中天银色空间色和中天未来红空间控制如图所示

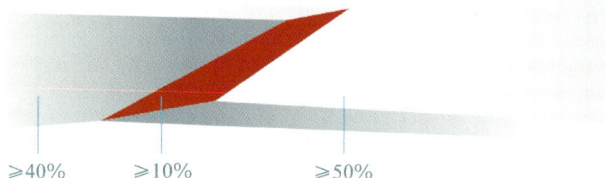

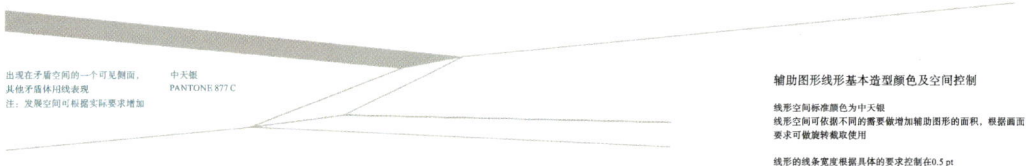

≥40%　　≥10%　　≥50%

出现在矛盾空间的一个可见侧面，具体矛盾体用线表现。
注：发展空间可根据实际要求增加

中天银
PANTONE 877 C

辅助图形线形基本造型颜色及空间控制

线形空间标准颜色为中天银
线形空间可依据不同的需要做增加辅助图形的面积，根据画面要求可做旋转截取使用

线形的线条宽度根据具体的要求控制在0.5 pt

图 1.42　辅助图形设计

（七）吉祥物

企业的吉祥物以平易可爱的人物形象或拟人化形象来唤起社会大众的注意和好感。

（八）专用字体

专用字体设计是对企业使用的主要文字、数字、产品名称结合对外宣传文字等进行统一的设计。专用字体主要包括为企业产品设计的标识字和为企业对内、对外活动设计的标识字，以及为报刊广告、招贴广告、影视广告等设计的刊头、标题字体。

二、应用要素系统

应用要素系统设计是对基本要素系统在各种媒体上的应用做出具体、明确的规定。当企业视觉识别的基本要素企业标志、标准字、标准色等被确定后，就要从事这些要素的精细化作业，开发各应用项目。当各种视觉设计要素在各应用项目上的组合关系确定后，就应严格地固定下来，以期达到通过同一性、系统化来加强视觉祈求力的效果。

（一）办公事务用品

办公事务用品的设计与制作应充分体现强烈的统一性和规范化，表现出企业的精神。办公事务用品的设计方案应严格规定办公事务用品形式排列顺序，以标志图形安排、文字格式、色彩套数及所有尺寸为依据，形成办公事务用品严肃、完整、精确和统一规范的格式，给人一种全新的感受并表现出企业的风格，同时展示出现代办公的高度集中和现代企业文化向各领域渗透传播的攻势。办公事务用品包括信封、信纸、便笺、名片、徽章、工作证、请柬、文件夹、介绍信、账票、备忘录、资料袋、公文表格等，如图 1.43 所示。

图 1.47 企业服装服饰视觉形象

主要有电视广告、报纸广告、杂志广告、路牌广告、招贴广告等,如图 1.48 所示。

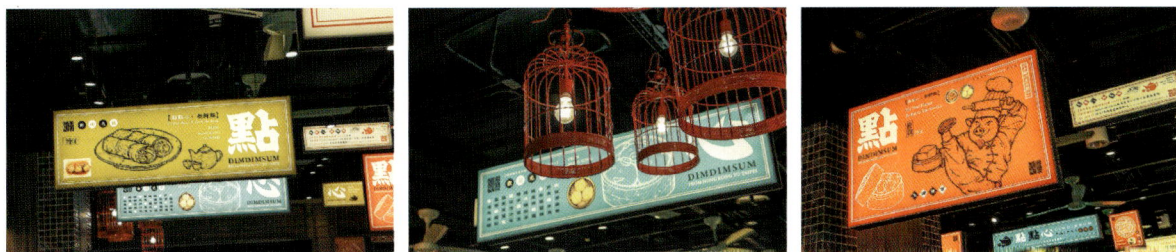

图 1.48 广告媒体视觉形象

(七)产品包装

　　产品包装起着保护、传播企业和产品形象的作用,是一种记号化、信息化、商品化流通的企业形象,代表着产品生产企业的形象。所以,系统化的产品包装设计具有强大的推销作用。成功的包装是宣传、介绍企业和树立良好企业形象最好、最便利的途径。产品包装主要包括纸盒包装、纸袋包装、木箱包装、玻璃包装、塑料包装、金属包装、陶瓷包装、包装纸等,如图 1.49 所示。

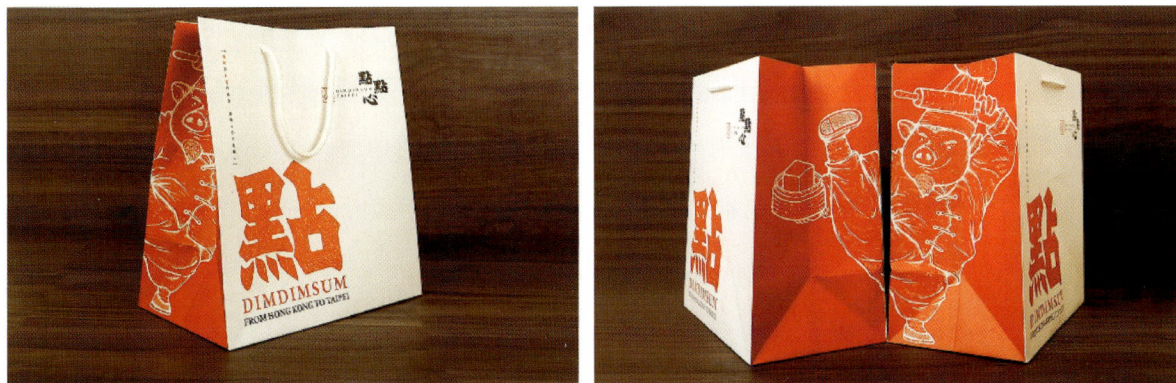

图 1.49 产品包装视觉形象

（八）企业礼品

企业礼品主要是用来联系感情、沟通交流、协调关系的，是以企业标志为导向、以传播企业形象为目的，将企业形象组合表现在日常生活用品上。企业礼品也是一种行之有效的广告形式，主要有 T 恤、领带、领带夹、钥匙牌、雨伞、纪念章、礼品袋等，如图 1.50 所示。

图 1.50　企业礼品视觉形象

（九）陈列展示

陈列展示是企业营销活动中运用广告媒体，突出企业形象、企业产品或销售方式的传播活动。在设计时要突出陈列展示的整体活动，突出陈列展示的整体感、顺序感和新颖感，以表现出企业的精神风貌。陈列展示主要包括橱窗展示、展览展示、货架商品展示、陈列商品展示等，如图 1.51 所示。

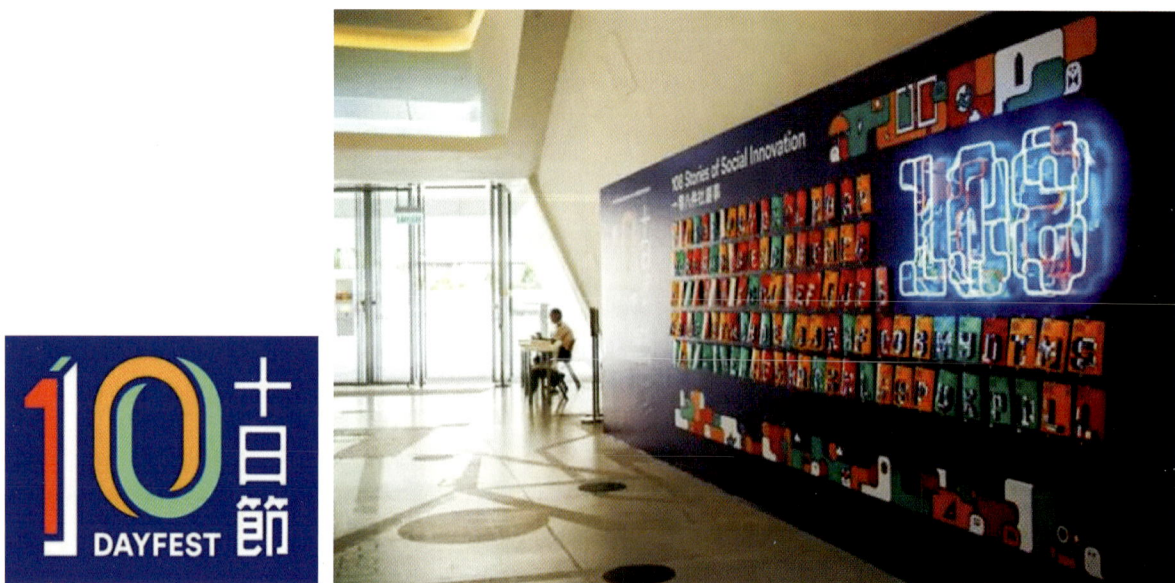

图 1.51　中国香港十日节陈列展示形象设计

(十) 印刷出版物

　　企业的印刷出版物代表着企业的形象,直接与企业的关系者和社会大众见面,充分体现出强烈的统一性和规范化,表现出企业的精神。印刷出版物在确保良好的视觉效果的同时,要编排一致,固定印刷字体和排版格式,并将企业标志和标准字统一安置在某一特定的位置,以形成一种独特的版式风格,形成一种统一的视觉形象,从而强化公众的印象。印刷出版物主要包括企业简介、商品说明书、产品简介、企业简报、年历等,如图 1.52 所示。

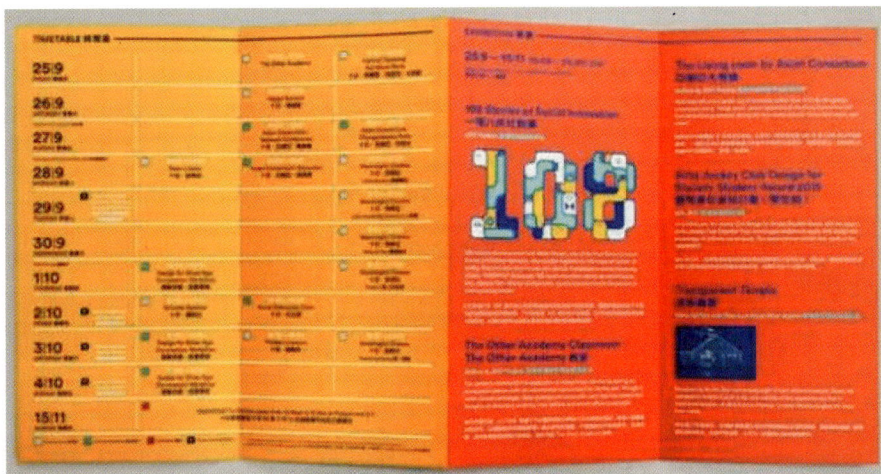

图 1.52　中国香港丨口节印刷出版物形象设计

第三节　CI 与 MI、BI、VI 的关系

　　一个企业良好形象的树立,需要用视觉识别独特的"美容术"把企业装扮得富有个性、充满活力。在构成 CI 战略的三根支柱中,我们通常把企业的理念识别比作"心",把行为识别比作"手",把视觉识别比作"脸",从这种比喻中不难看出三者之间密不可分的关系,以及视觉识别在展现企业的风采、塑造企业的形象中的地位与作用。

　　CI 与 MI、BI、VI 的关系表现为 CI = MI+BI+VI,如图 1.53 所示。

一、理念识别

　　理念识别是整个 CI 系统的核心和原动力,因为它规划企业精神,制订经营策略、经营信条,决定企业性格。MI 是 CI 的灵魂,是 CI 的最高决策层。开发完善的企业形象系统取决于企业理念的建立,如图 1.54 所示。

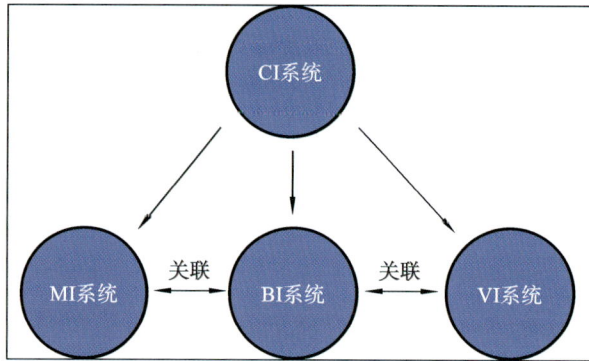

图 1.53　CI 系统各构成要素之间的关系

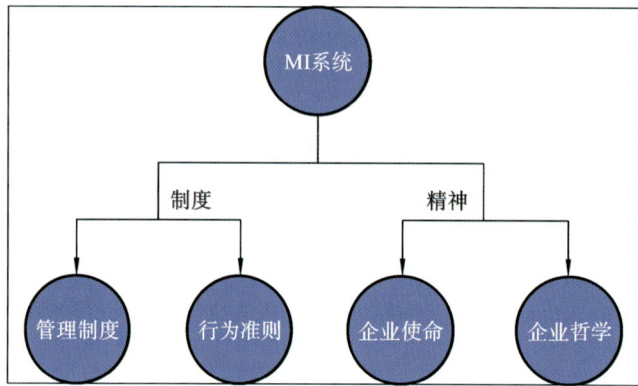

图 1.54　MI（理念识别）系统

二、行为识别

行为识别是以明确完善的企业经营理念为核心,明确内部的制度、组织管理模式、行为管理模式等,如图 1.55 所示。社会公益活动、赞助活动、公共关系等动态识别也属于行为识别范畴。

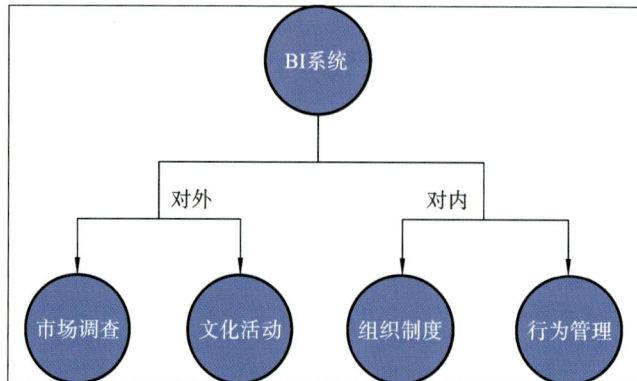

图 1.55　BI（行为识别）系统

三、视觉识别

视觉识别是 CI 的静态识别部分。它通过一切可见的视觉符号对外传达企业的经营理念与情报信息,是 CI 中建立知名度和塑造形象最直接、最有效的方法。它能够将企业识别的基本精神及其差异性充分地表达出来,使消费公众识别并认知。

VI 借助经过特定审美设计的视觉符号系统,形成一个整合的统一又富有个性的视觉形象,形象地表达企业的个性并突出企业精神,从而使社会大众和员工产生一致的认同感和价值观。因此,只有充分运用经过特定审美设计的反映企业精神的视觉符号系统,采取有效的视觉传达形式,才能最有效、最快捷地提升知名度,塑造鲜明的视觉形象,如图 1.56 所示。

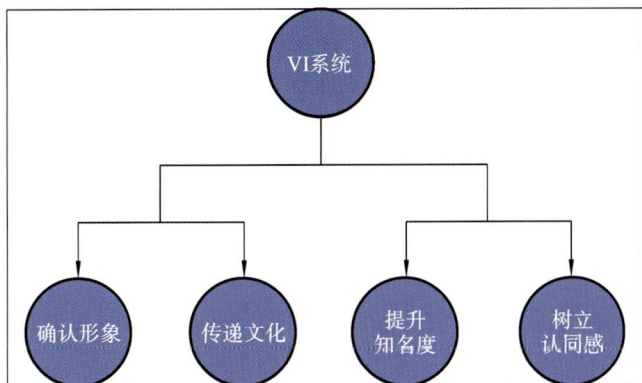

图 1.56　VI(视觉识别) 系统

第四节　企业视觉形象系统的设计原则

企业实施 VI 战略主要是为了宣传企业品牌和形象,因此,在进行设计时,我们应遵循一些基本的原则,具体如下。

一、统一性原则

统一性是 VI 设计最基本的要求。VI 反映了企业的经营理念、服务特色、产品特点等。统一的 VI 不会给消费者造成视觉或心理上的混乱感,可以提升社会大众对企业的辨识度。在进行设计时要对设计对象组合要素的参数、形式、尺寸、结构进行合理的安排与规划。为了使信息传递具有一致性和便于社会大众接受,应该使品牌、企业名称、商标名称尽可能统一,给人以唯一的视觉印象,如对企业形象战略中的广告、包装系统等进行系列化的处理,

VI 设计原则 1

使其具有家族式的特征、鲜明的识别度。这种一致性将信息与认识个性化、明晰化、有序化,把各种形式传播媒体上的形象统一,创造能储存与传播的企业理念与视觉形象,这样能集中与强化企业形象,使信息传播更为迅速有效,如图 1.57 所示。

图 1.57　统一性原则的体现

通过标准化、规范化的形式语言,系统化的视觉符号及丰富多样的应用形式,将企业品牌理念、品牌文化等传递给社会大众,具有突出企业个性、塑造企业形象、提升企业知名度的功能,可以唤起消费者的注意力和认知力,提升消费者对企业产品的认知度和忠诚度,能够有效地提升员工对企业的认同感和归属感,从而提升企业的规范度和员工士气。VI 设计不能简单地套用模板、千篇一律地编排,而是要根据其自身的实际行业特征、品牌文化等,考虑 VI 的可实施性,进行有针对性的设计。一套完整的 VI 系统是非常庞大的,为了保证企业 VI 系统的完整统一性,企业在 VI 设计完成之后,要严格按照 VI 设计手册执行,如果只是做了 VI 设计而不去实施,这套设计也就失去了意义。

二、有效性原则

VI 设计的有效性包含两层意思:一是要能充分反映企业的经营理念、企业文化、产品特色;二是要为企业形象的管理提供权威性的操作标准,如规定标志缩放至最大或最小时的尺寸、标准色的具体颜色值及标志放置的位置等。这些都必须有详细的使用说明和注意事项,以确保 VI 设计能够行之有效。VI 设计是解决问题的,不是企业的镶边工程,因此,VI 设计的可操作性是一个十分重要的问题。企业 VI 计划要具有有效性,能够有效地发挥树立良好企业形象的作用。

策划设计时必须依据企业自身的情况、企业的市场营销的地位。在推行企业形象战略时,必须确立准确的形象定位,然后以此定位进行发展规划。企业在准备导入 VI 计划时,选择真正具有策划设计实力的机构或个人以保证 VI 计划的有效性也是十分关键的。VI 策划设计是企业发展的一笔必要的软投资,是一项十分复杂、耗时的系统工程,需要花费相当多的经费。要确保 VI 计划的有效性,一个十分重要的因素是企业主管要有良好的现代经营意识,对企业形象战略也有一定的了解,并能尊重专业 VI 设计机构或专家的意见和建议。

例如,具有中国特色的中国联通的公司标志,是由中国古代吉祥图形盘长纹样演变而来的,如图1.58和图1.59所示。回环贯通的线条象征着中国联通作为现代电信企业的井然有序、迅达畅通,以及联通事业的无以穷尽、日久天长。标志造型有两颗明显的上下相连的心,形象地展示了中国联通以通信为中心的服务宗旨,寓意中国联通将永远为用户着想、与用户心连着心。

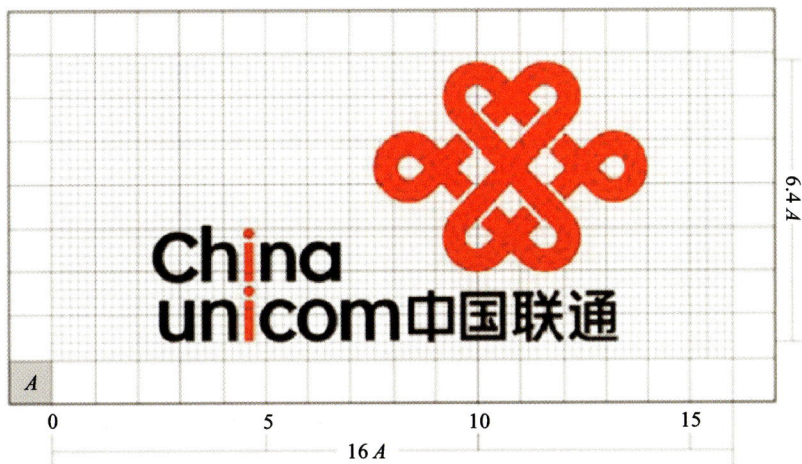

图 1.58 中国联通标志标准组合

图 1.59 中国联通标志最小使用尺寸

三、差异性原则

企业形象必须做到与众不同,这样才能被社会大众熟记。因此,VI 应充分反映企业经营理念及服务特征,从而塑造企业的独特性。可是为什么这么说呢? 在 VI 设计市场中,只有一些差异性较强的 VI 设计,才能够得到用户的肯定。

VI 设计原则 2

VI 设计的差异性至关重要,VI 设计的差异性需要在设计各个环节较好地体现出来,使 VI 设计具有较强的个性化特点。因此,VI 设计差异性的重要性不可忽视。VI 设计应积极使用新手段和新方法,设计出能够迅速抓住人们的眼球,符合用户认知的企业形象。能获得社会大众的认同的企业形象,往往是人个性的、与众不同的。

差异性表现在不同行业的区分,因为在社会大众心目中,不同行业的企业与机构均有其行业的形象特征,如化妆品企业与机械工业企业的企业形象特征是截然不同的。在进行 VI 设计时,必须突出行业特点,使其与其他行业有不同的形象特征,这样有利于识别认同。

必须突出与同行业其他企业的差别,才能独具风采。日本享誉世界的五大知名电器企业(索尼、松下、东芝、三洋、日立)的企业形象均别具一格,十分个性化,有效地获得了消费大众的认同,在竞争激烈的世界家电市场中独树一帜。

例如,中国邮政标志是"中"字与邮政网络的形象互相结合,归纳变化而来的,如图 1.60 所示。标志融入了翅膀的造型,使人联想起鸿雁传书这一中国古代对于信息传递的形象比喻,表达了服务千家万户的企业宗旨,传递出快捷、准确、安全、无处不达的企业形象。标志造型朴实有力,以横与直的平行线为主构成,代表秩序与四通八达,稍微向右倾斜的处理表现出方向与速度感。

图 1.60　中国邮政标志

又如,联邦快递标志由英文字母组成,其中白色字母 E 和 X 之间的空白部分,恰好形成一个箭头图案,体现了联邦快递的动感和速度,如图 1.61 所示。

图 1.61　联邦快递标志

四、民族性原则

不同民族的文化具有自己的特点,在语言、文字、审美、色彩、图形等方面,每个民族都有它的偏爱。因此,在进行 VI 设计时必须注意传达出民族的个性,不符合民族习惯的 VI 设计必然是失败的 VI 设计。尤其是随着中国市场的国际化程度越来越高,在全球化的浪潮下,参与国际性 VI 设计项目的机会也将越来越多,因此必须充分重视 VI 设计的民族性原则。企业形象的塑造与传播应该基于不同的民族文化。民族文化是企业崛起和成功根本的驱动力。美国企业文化研究专家丘尔和肯尼迪指出:强大的文化是美国企业持续成功的驱动力。闻名于世的麦当劳和肯德基独具特色的企业形象,展现出了美国生活方式上的快餐文化。

只有民族的才是世界的,塑造能跻身世界之林的中国企业形象,必须弘扬中华民族文化优势。灿烂的中华民族文化是我们取之不尽、用之不竭的源泉,有许多值得我们吸收的精华,有助于我们创造有中华民族特色的企业形象。很多成功的 VI 设计都离不开民族文化的支持。在我国,传统民族文化种类繁多,有服饰文化、生活方式、建筑风格等,可以作为企业形象塑造的参照物,如图 1.62 所示。

图 1.62   汪玉霞包装视觉形象

五、审美性原则

人们都喜欢追求美的东西,美好的事物总是容易被人赞颂。设计企业 VI 时也必须符合审美标准。这里的美不仅指外在的结构美,也包括 VI 系统的内在价值。所以,如果有企业 VI 设计需求,那么以上的这些原则是一定要遵守的,只有这样才能达到更好的效果。好的 VI 设计能够将原本枯燥的语言通过具有艺术性和趣味性的视觉图形表现出来。生动活泼的 VI 设计能吸引读者的视线,引发读者的好奇心,给人美感,让人心动。所以,优秀的 VI 设计有巨大的审美价值,具有强烈的视觉冲击力,且装饰性强、创意独特,使人赏心悦目,让人们在愉悦中牢记其品牌含义。具有审美价值的 VI 设计更能贴近人们的生活,有强烈的亲和力,让人们喜欢且耐看、易认、易记。VI 设计在品牌时代广泛运用于各种传媒,它能有效引导大众的审美观念,领导视觉艺术的时尚潮流。

六、法律性原则

视觉识别符号多用于商业活动,因此所有视觉符号设计必须符合商业法规,如《中华人民共和国商标法》等。企业的视觉形象包括企业标志、标准色、标准字及其互相之间的组合。作为企业的无形资产,需要通过一定的法律程序予以登记注册,成为商标才能真正受到法律的保护。因此,在进行 VI 设计时,应遵守国家有关的法律法规,并在长期的形象管理和维护过程中依据法律所赋予的权利,来保护自己的形象不受侵犯。

思考与练习

1. 简述 CI 系统中理念识别、行为识别、视觉识别的内涵、特征、功能及意义。

2. 企业文化对企业形象塑造起何作用?

Qiye Shijue Xingxiang Xitong Sheji

第二章

企业视觉形象系统基础部分

企业视觉形象

系统基础部分

第一节　标志设计

企业形象的核心是视觉形象,即 VI 系统,而 VI 设计的核心就是标志设计。标志在整个的 VI 设计过程中起着主导的作用。

标志是以特定的图形、文字的组合组成的表示和代表某事物的符号。也就是说,凡是代表和表示某个企业、团体等机构,以及会议、活动、商品等的符号都称为标志。

标志和商标的定义与标志设计的分类

标志代表特定的内容,传播约定的信息。它不仅有单纯性指示事物存在的作用,而且包含了目的、内容、性质等的总体表现。它可以说是把事物抽象的精神内容,以具体可视的图形表达出来。与广告或其他宣传品不同,标志具有长期的使用价值,一般不轻易改动。

商标是指从事商业活动的标志。经法定机构核准注册的商标为注册商标,包括商品商标、服务商标和集体商标、证明商标。商标注册人享有商标专用权,受法律保护。

一、标志分类

标志因题材、创作形式以及应用范围而多种多样,按照视觉构成要素可分为文字标志、图形标志、图文结合标志三种,如图 2.1 所示。

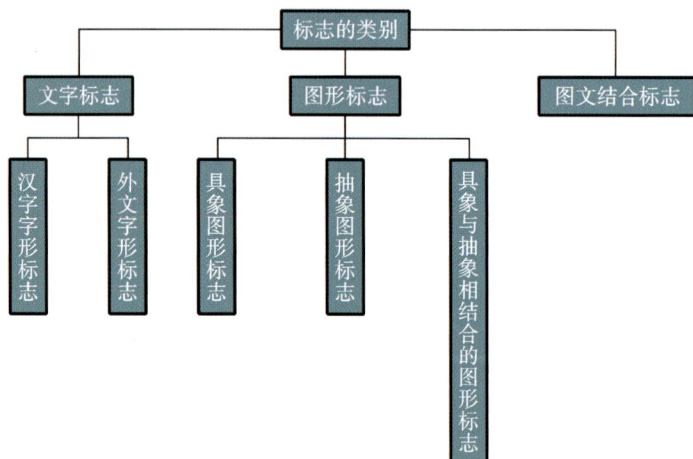

图 2.1　标志分类图示

(一)文字标志

使用文字构成标志造型,可以借助完整的文字传递准确的企业信息,可以将图形和文字两个要素合二为一充分表现企业形象,属于识别度较高的取材角度,如图 2.2 至图 2.6 所示。在表现中偏重于追求阅读性还是图形感,成为设计倾向的主要议题:阅读性强,易于阅读,不至于误解,但视觉度低;图形感强,视觉度高,但多半会影响阅读,过于图形化还可能导致无从阅读,甚至误读。对于文字题材的选取和施用角度是该类题材思考的核心所在。

图 2.2　中国工商银行文字标志

图 2.3　北京大学文字标志

图 2.4　北京奥运会文字标志

图 2.5　中国妇女联合会文字标志

图 2.6　2015 米兰世博会视觉形象设计

(二)图形标志

使用图形作为标志是常见的标志选材角度之一,如图 2.7 和图 2.8 所示。图形所具有的视觉引力强于单纯的文字造型,图形所具备的感染力容易打动受众。理想的具象图形可以引发受众对熟悉物象的情感联想;适度抽象的造型可以调动受众的想象力;富有象征意味的图形,介于具象与抽象之间,拥有艺术性、寓意性、巧妙性、含蓄性等特征,既易贴近受众,也易打动受众。

图 2.7　以图形为题材的标志 1

图 2.8　以图形为题材的标志 2

图形的优点在于人对图形的视觉适应度、亲近度较高,缺点是图形的联想空间又使其性质界定范围较为宽泛。例如,看到麦穗图形可以想象其为农场的标志,也可以想象其为面包店的标志,还可以想象其为面粉加工厂的标志,把它想象为丰收节庆活动的标志也未尝不可。如此一来,如果不借用文字的解释,很难让受众准确地解读标志所属。

(三) 图文结合标志

图文结合的思路是最受各方青睐的,也是最有表现余地、最容易被接受的选材角度。图文结合标志由于兼具文字和图形两方面的优势,传递的信息最为丰富,视觉度好,准确性也高,如图 2.9 所示。

图 2.9　以图文结合为主的标志设计

图文结合标志若元素过多,则会因为烦琐而使人们的记忆效果受损。因此,在图文结合的选材思路中,较为科学有效的当属简约文字与象征性图形有机结合的题材了,这个思路可以在不牺牲视觉度的前提下,融入精练的文字信息,将标志的所属尽力界定在一个较小的范畴中,将受众的想象力控制在标志意志的期望区域,从而达成视觉传达目标。例如,KAWASAKI STEEL 公司的标志以熔化的钢水作为造型设计基础,通过"K"的砂点状的渐变把涌现出的熔钢形象当作主题,表现企业的热情及活力,如图 2.10 所示。

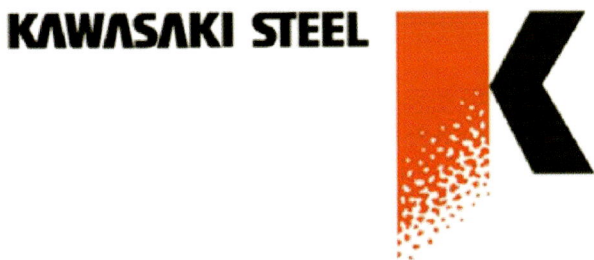

图 2.10 KAWASAKI STEEL 公司以熔化的钢水为造型基础的标志

二、标志设计构思方法与设计思路

(一) 要素挖掘

要素挖掘旨在为设计开发工作的开展做进一步的准备。依据对调查结果的分析,提炼出标志的结构类型、色彩取向,列出标志所要体现的精神和特点,挖掘相关的图形元素,找出标志设计的方向,使设计工作有的放矢,而不是对文字图形漫无目的地组合。根据已经调研分析出的主要信息,从不同的角度去挖掘要素,尽可能从多方面思考,得出不同的设计方案。要素挖掘有以下几种切入点。

标志设计
构思方法

1. 以品牌名称为切入点

一个品牌的名称通常包含很多与该品牌密切相关的重要信息,这些信息本身就是创意来源。文字标志设计是此类切入点的主要创作手法。以品牌名称为切入点适用于各种品牌项目,通过强调品牌名称来提高品牌的知名度和影响力,进而使消费者对品牌的印象更加稳固。

2. 以品牌事物特征为切入点

以品牌事物特征为切入点是指以品牌形象为主导,抓住其表现事物的特征,如产品、造型、业务等方面的特征,以此来进行标志创意设计。以品牌事物特征为切入点时,可以用写实或抽象化的形式来设计标志,运用形式法则强调美化品牌特征的形态结构,准确表达品牌事物显著的表象特征。

例如,太平洋汽车网标志,象征汽车动感的流线与网站的名称巧妙结合,生动形象,简洁清晰,醒目流畅,如图 2.11 所示。

3. 以品牌名称含义为切入点

以品牌名称含义为切入点是指充分理解品牌名称的含义,将意义明确的文字转换成为可视化的

图2.11　太平洋汽车网标志

图形,达到使消费者一目了然、看图知意的目的。此类形式大多以寓意深远的抽象图形居多。

例如,奥迪汽车标志的含义表达为手挽手的四兄弟,象征着公司由奥迪与小奇迹、霍希、漫游者三家企业合并而成。四个圆圈环环相扣,代表了4家创始公司的联盟牢不可破,体现汽车4个车轮的特点,又寓意紧密团结、携手创造美好未来的愿望,造型十分简洁凝练,很好地表现出品牌的特色和业务,向大众展示出奥迪的创新与辉煌,如图2.12所示。

图2.12　奥迪汽车标志演变

4. 以品牌精神理念为切入点

很多标志都是以品牌的精神、主题作为创意来源进行设计的,比如从国家意志、民族精神、体育精神、企业理念等方面进行创意设计。设计师运用蕴含深刻意义的图形化符号标志,把品牌的主题及精神理念表达出来,以引起大众的共鸣与认同。例如,日本富士运动会标志运用了龟兔赛跑的故事来诠释体育精神,如图2.13所示。

5. 以历史文化与地标物为切入点

不同的国家和地区有着不同的历史文化和地标物,以项目所在地独特的历史文化特征、标志性建筑、独有植物、独有动物等为创意,也是一个很好的创意源点。此类设计具有强烈的文化特征和独有性,能够强调品牌的历史传统或独特的地标物,从而获得消费者的认同感。此类标志设计要在原有图形基础上结合现代手法进行提炼归纳,达到文化性质浓厚而又充满现代感的境界,如图2.14至图2.16所示。

图 2.13   日本富士运动会标志

图 2.14   上海博物馆标志

图 2.15   国家体育场标志

图 2.16   南京夫子庙标志

(二) 设计构思

在对设计要素进行挖掘并以此作为设计切入点后,紧接着我们就需要进行标志设计的构思创意了。

设计构思是围绕标志的设计目标、设计主题而展开的创意活动。根据前期的调查研究、分析、归纳和沟通,设计师将总结出来的设计方向作为创意的指导思想,由此展开多角度的构思,同时配以大量的草图勾画进行标志的创作。

标志设计思路 1

我们常说,构思的过程就是等待灵感迸发的过程。实际上,灵感并不是凭空产生的:一是靠设计者平时知识、技术方法和经验的积累;二是靠准确和深入的调查。只有这样才能产生好的创意。构思方法有以下几种。

1. 表述法

运用表述法设计的标志直截了当地表述产品、服务项目、企业的目的和宗旨等,标志的主题容易被人理解。标志常采用这种设计构思手法,目的是建立明确的品牌及企业印象。另外,这种设计构思手法尤其适用于以大众为对象的服务性行业,可以用设计对象的名称或与之相关的形象,如表现铁路运输用火车的形象、表现出版业用书的形象等,如图 2.17 和图 2.18 所示。

中国法制史基础史料研读会标志的设计思路源于汉字"法",主旨明晰:把书籍(寓意基础资料)、

图 2.17　中国铁路标志

图 2.18　人民邮电出版社标志

钥匙（寓意获取知识的方法）、飞鸟（寓意学术发展的势头）等元素巧妙地同构成汉字"法"，造型趋于对称，寓意法律的公平特征，把研读会通过研究传统治制史料而服务于现代法制事业的主题很好地表达了出来，如图 2.19 所示。

图 2.19　中国法制史基础史料研读会标志

在应用表述法时，要最大限度地表现品牌及企业的共性、代表性及相对稳定性等特性。由于产品常随时代更新，公司的重点也很可能随着改变，一个标志可能很快显得过时，因此在运用这一手法时需要特别谨慎。一般情况下，象形性、图画性的标志使用表述法较多。

2. 象征法

象征法就是基于企业、社团或其他事物的特征来设计标志。这就要求设计师挖掘和把握设计对象的重要特征。这种设计构思手法往往采取含蓄的表达方式，所设计的标志极富情趣和感染力。采用这种设计构思手法时，首先要确定设计对象的个性特征及卖点，然后寻求与此相关的喻体。在设计时要仔细研究表达的意念，避免晦涩或引起误解。运用表征法设计的标志一般经常使用抽象性图形符号，生动有趣且让人印象深刻。

北京奥运会标志（见图 2.20）运用奥运五环色组成五角星，相互环扣，形成中国传统民间工艺品"中国结"的象形，寓意世界五大洲的团结、协作、交流、发展，携手共创新世纪。五星似一个打太极拳的人形，表现出中国传统体育文化精髓。整体形象行云流水，和谐生动，充满运动感，表现出奥林匹克更快、更高、更强的体育精神。

20 世纪 90 年代初，日本著名百货公司西武百货要在中国香港开一家国际化的大型百货公司。为

图 2.20　北京奥运会标志

了迎合中国香港本土口味,西武百货另辟蹊径,想寻找一位中国香港设计师为其做品牌标志设计,而不是按照惯例沿用日本西武百货的标志。经过考察,西武百货最终选择了设计师陈幼坚。他擅长将博大高深的中国文化及传统的工艺元素用明快清晰的现代设计技巧再行铺排,效果简洁有力又充满令人惊喜的创意。陈幼坚设计的中国香港西武百货的标志,将中国的传统玉器"双鱼"演变为西武百货英文名字中的"S",如图 2.21 所示。双鱼代表着阴阳哲学的观念,是中国人观察体会宇宙万象的经验总结。"万物负阴而抱阳",这种阴阳相对、轮回更迭的自然规律,通过首尾相抱、相互推动旋转的双鱼图形表现出来,象征西武百货生生不息的生命力。同时,"鱼"与"余"同音,又蕴含着连年有余的特定内涵。整套形象标志将西武百货标志循环使用,虚实相间,丰满而不堆砌,简洁而不单调,精妙准确,恰到好处,美观之余更加强调双鱼图形的原有概念。该标志最为突破之处还在于手袋及包装的正面均不放公司的中英文名称。中国香港西武百货的视觉形象设计如图 2.22 所示。

图 2.21　中国香港西武百货的标志

3. 寓意法

寓意法是指采用与标志对象具有相似或相近寓意的形象进行标志创意,这种暗示的形象本身具

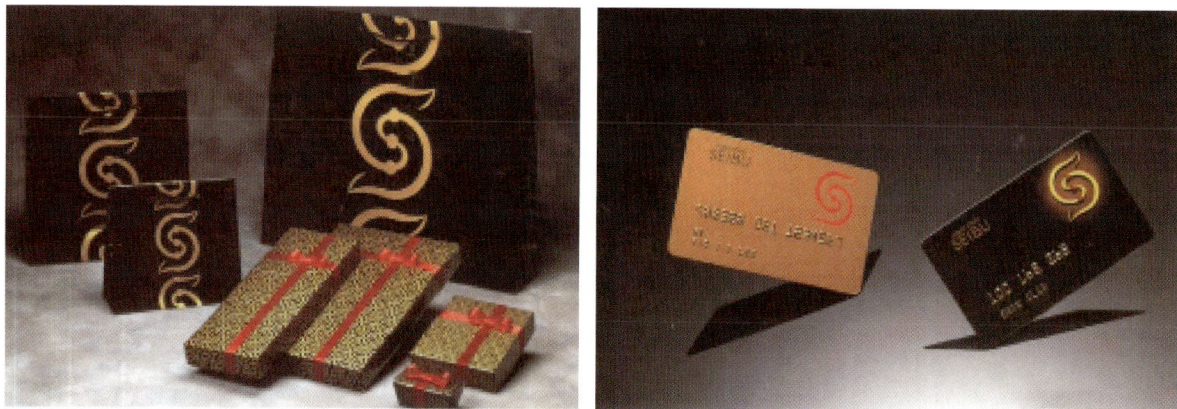

图 2.22　中国香港西武百货的视觉形象设计

有符号化、简单化、程式化的特点，能够引起受众的共鸣，快速为受众所理解和接受；为了提示大家注意，在易破碎的产品包装上，用一只玻璃杯进行图形化的暗示表述；在产品的外包装上印上雨伞符号，暗示该产品具有容易受潮、怕湿的特点，提醒用户注意使用环境。这些都是利用受众的读图心理，使其一眼便注意到并且很快理解该图形符号表达的含义。此外，交通和安全标志多采用暗示法进行设计：安全帽符号暗示此为建筑工地，应注意安全；自行车符号表示该道路为自行车专用通道等。

4. 拟人法

拟人是一种修辞手法，即把事物人格化。在设计中，这种手法也得到广泛使用。采用拟人手法进行设计时通常将动物、植物人格化，在它们"身上"加上人性化的日常用品，获得一种假设的图形。这种方法在有关儿童类以及轻松题材的设计中应用较多。例如，DIXI 废纸粉碎机的商标（见图 2.23）模拟猴子不听、不看、不说的动作，比拟文件通过粉碎处理后，消灭字迹、没有遗留，安全可靠。又如，北冰洋汽水的商标，模拟北极熊屹立于冰天雪地，比拟该商品具有凉爽的特点，如图 2.24 所示。

图 2.23　DIXI 废纸粉碎机的商标

图 2.24　北冰洋汽水的商标

三、标志的造型手法

（一）标志的造型角度

1. 自然形态

自然形态是指直接选用自然造型或适度加工、基本保持自然样貌的造型手法，如直接选用摄影图片、绘画作品，以及提炼了物象特征的绘制作品。这种造型角度可以十分准确地传递标志本原之意，使标志更具生动感、真实感，并容易识别和记忆，容易在受众心中留下不可替代的难忘印象。

标志设计造型手法

这种造型手法因为模拟自然形态常常显得烦琐和不易复制，在设计时应慎重考虑其适用性，一般多用于高端品牌或短时、小范围使用的情况。高端品牌在应用中对成本的控制相对宽松，可以支持甚至有意识追求这种应用的高难度以呈现难能的品质，从而彰显不凡。短时或小范围使用时，若不涉及复杂的应用工艺和应用环境，在多为普通印刷的条件下，可以采用此种手法，以凸显个性。

2. 装饰形态

标志的装饰形态造型角度是指对自然形态进行主观的变形处理，将独有的审美情趣和形式融入其中。装饰语言十分丰富，关乎地域性、民族性、民间性、传统性、时尚性等诸多角度，可以从点、线、面出发进行处理，也可以通过减少或添加进行塑造。源源不断的装饰语言等待人们去挖掘、再现和创新。装饰形态的塑造是标志设计中需要特别关注和重点运用的手法，因为这也是能够赢得广大受众认同的主要途径。

3. 再造形态

这类形态的塑造要求设计师具备超越自然形态，超越对于自然形态的主观装饰之思维，在没有先例的羁绊下去创想，在已有的形式基础上再创造，形成全新的、极具视觉感染力或冲击力的形态样式。

4. 综合形态

这类形态的塑造是基于上述各形态的混合、重叠的使用方式，呈现多种形态交织下的繁复和丰富性，呈现出混叠后的新意味。综合本身也是一种再创造，可以基于的基础非常宽泛，因此凝结出的形态自然会呈现更多的不凡。

（二）标志的形式构成

1. 图形同构标志

同构标志有一个共同的特征，那就是一个形态通过另一个形态表现出来，产生形态意义上的同构关系,构成非逻辑性的悖论式的转换关系。任何一种标志结构都表明了视觉形态的相互关系。不同的形态元素在同构规则下,可以构成具有相互映射关系的视觉系统。同构标志在本质上是形态结构相互映射的结果,体现出来的是形态的对等关系。通过形态结构的相互映射,标志的某一形态可以用另外一个形态表现出来,保持信息的互换。尽管形态系统的性质完全不同,构成的是一种非逻辑性的悖论空间,但是在相互映射中形态结构内在的意义关联却能一一对应起来。例如荷兰阿姆斯特丹自由大学的标志用鸟兽的同构象征大学对自由精神和独立人格的不懈追求,如图2.25所示。

2. 形式渐变标志

形式渐变标志是人们日常生活中经常体验到的一种视觉现象。它是由近及远、由大到小、由浓到淡、由弱到强等规律的组合,产生出渐变所特有的节奏感。形式渐变标志的形与形的内在联系建立在标志的骨骼结构上。形式渐变标志视觉秩序的节奏性很强,有明显的形态动感和较强的视觉张力,能产生强烈的透视感和空间层次感。形式渐变标志有形状、方向、大小、空间、色彩等各种形式的变化,如图2.26所示。

图 2.25　图形同构标志

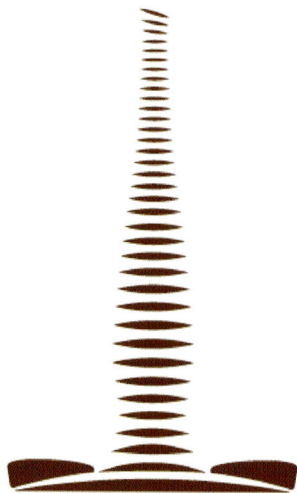

图 2.26　形式渐变标志

3. 图形延异标志

图形延异标志是指符合人们思维方式和认知习惯的连绵不断、互相更移的形态组合形式。在组合图形时,通过形态的相似性实现图底互换、概念互换,把一种形象在延异过程中转换成另外一种形象。

延异图式是一种非常有趣的视觉结构,在一个纵横的时空轴里,事物的变化尽收眼底。在相同或相似的结构中,视觉形态从量变到质变,最终实现理念的转换,延变得到另外一种形象,如图2.27所示。

4. 形态共生标志

形态共生标志指的是多种形态共生的结构形式。在形态共生标志中,可以看到形态与形态之间

图 2.27　图形延异标志

有着一条共同的轮廓线或共有一个结构形态。它们共享一部分轮廓线以及一部分形态结构,以某个形态显示另一个形态的存在,形成互借互生、彼此相连、互相依存的关系。形态共生标志利用视觉认知选择的原理,创造性地表现了视觉的图底互换、正负互换的效果,如图 2.28 所示。

图 2.28　形态共生标志

5. 悖论图式标志

悖论图式标志是利用人们的视觉错觉原理,将现实空间中不可能存在的形态结构连接形成一体,在不经意间改变自然空间的逻辑关系和形态结构的习惯性透视规律,创造出貌似合理实质上却充满矛盾的视幻效果。悖论图式的巧妙之处在于视觉形态轮廓线错位拼接,在表现空间形态时改变了习以为常的连接规律。这种在现实中不可能存在的悖论结构往往能够产生令人困惑、迷茫和荒诞的视觉效果,对习惯性的视觉经验是一种颠覆,会使人产生强烈的冲突感。设计师正是运用这种悖论的视觉景象,创造出具有神奇的视觉效果的标志,如图 2.29 所示。

6. 叙事图式标志

叙事图式标志是以叙事作为视觉感知方式,在某种特定叙事元素中构建图式结构。叙事图式标志凸显了视觉的描述性结构,将事物现象分解成不同的叙事元素,以确定这些元素在标志形象传达信息时的含义,然后呈现出传播这些含义的视觉结构。

叙事图式标志就是将人物、时间、地点、事实、原因等叙事元素按照线性顺序展开的方式,标志的含义就包含在叙事的结构之中。叙事图式标志有一个很大的特点,就是对叙事序列进行排列,以蒙太奇式的叙述手法陈述一个事实或表达一个观点,如图 2.30 所示。

图 2.29　悖论图式标志

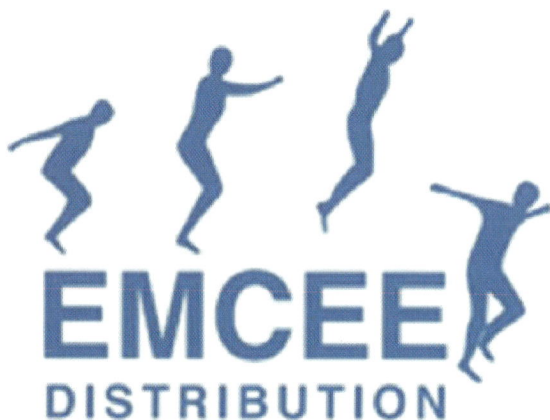

图 2.30　叙事图式标志

7. 对称结构标志

对称结构标志是一种完美的结构形式。对称又叫对等，是指物体或画面以相对一个中心点或对称轴形成左右或上下对等的组合关系。对称结构标志采用等形等量的平衡形式，主要有轴对称、点对称和反转对称等类型。常见的点对称有同心对称、放射性对称、旋转性对称等形式。反转对称就是同一元素相反相对形成反转的效果，比轴对称、点对称更具动感特征。对偶结构标志也是一种对称结构标志，它采用视觉形态上二者相对、彼此相向的结构形式。对称结构标志由于在结构、面积和体量上完全等形等量，因此在视觉心理上往往会给人庄重、典雅、安宁和稳定的感觉，使人产生审美上的愉悦感。但是绝对对称会产生单调、呆板的感觉，缺乏视觉冲击力。

8. 视幻结构标志

视幻是一种普遍的生理和心理现象。人的感官系统都存在各种不同的错觉，如声音错觉、气味错觉、形态错觉等。由于视觉感知的偏差，虽然我们看到的形态似乎与实际状况不同，但是，它却让我们感受到事物似乎真实存在，这种矛盾的视觉结构就是视幻结构。

视幻结构形态创造是建立在错觉基础上的形态创造方法。形成视幻结构的方法有多种，包括由于眼睛生理构造所产生的生理视幻、形态在空间环境中所产生的空间视幻、因色彩属性的差异所产生的色彩视幻。视觉结构标志如图 2.31 所示。

图 2.31　视幻结构标志

9. 网状图式标志

网状图式标志是由两组或更多组等距平行线相交，或者把细长条状的视觉元素交叉组织起来而形成的一种标志。它按照一定的框架形成条理分明、疏密有度、形态各异的结构形式，并把网状结构作为组合的基本布局。

网状图式标志的网格线交叉汇集，对结构的元素起着定点、定位、定向的作用。线是指视觉元素在框架内按照数列分布，起着划分定格的作用。框架是指在结构关系中划分单位空间，对形态元素起固定作用的空间框架。单位空间是指网格线划分出来的空间，它是符号图式视觉元素在空间排列中的位置。网状图式标志有规律性网格和非规律性网格之分。网状图式标志如图 2.32 所示。

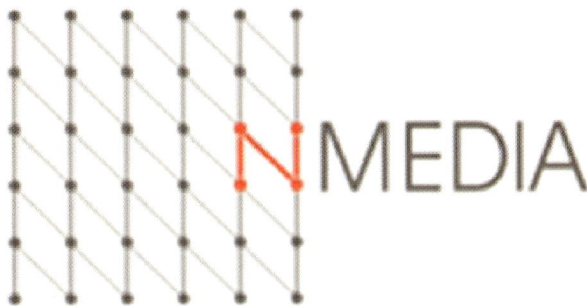

图 2.32　网状图式标志

10. 放射结构标志

放射结构标志是指视觉元素由视觉中心向四周扩张，产生一种能量般的放射状态，具有中心感和开放的一种标志。放射结构标志释放、扩展、发出的是一种视觉心理张力。放射结构标志总有一个中心点，这个中心点既可以是标志的视域中心，也可以偏离这个视域中心。

11. 群化结构标志

群化结构标志是以基本形为基础,采用不同的排列方式形成聚集和类化效果的一种标志。它依靠形态相互契合的关系,将相近或具有共同特点的视觉形态根据尺寸、形状和功能等相似的形式特征,有秩序地集合在一起,形成了一个紧凑的群化结构。它可以是一种基本形有规则的重复聚集,也可以是不同基本形按照形态结构聚集在一起。群化结构都是群组的,每一个单元形可以恢复到独立的单元形。群化结构标志的组合,可以像附属体一样依附于一个大的母体或空间。

12. 拧结形态标志

拧结形态标志是指似乎有某种外力将视觉形态分别向两个方向用力,产生拧结效果的一种标志。拧结形态标志可以控制视觉形态向里转或向外转,以不同程度、不同方向、不同形态拧结,潜含着强烈的视觉牵引的作用。拧结形态标志往往会让人联想到团结、联合、牢固、紧密合作、并存、力量集合等含义,如图 2.33 所示。

图 2.33　拧结形态标志

13. 插接结构标志

插接结构标志是由相对独立的单元形依循一种基本的组合关系,相互穿插并连在一起形成的一种标志。插接结构需要一个良好的结构形态,以便单元形在插接组合时,能够自然地融为一体。单元形的重复在插接结构中是比较常见的形式,通常由两个单元形、三个单元形或更多个单元形等按照不同的方向结合为一体。不同形态、结构和对比的形式,在插接结构标志中能产生丰富的视觉效果,如图 2.34 所示。

14. 连环结构标志

连环结构标志是将若干呈环形结构的单元形互相连接贯通而成的一种标志。一般来说,连环结构标志的连接元素都呈环状形,多个元素紧密连接,一环套着一环,使形态元素相互牵连、互相连接。连环结构标志有丰富的空间组合形式,让人产生力量聚合、利益共享、因果相连、精诚合作等联想。

图 2.34　插接结构标志

四、标志的表达手法

(一) 手绘表现法

手绘表现法既传统，又现代。这种永不过时的方法只要对象合适，永远都是标志表达手法的法宝之一。它可以轻松地呈现出个性感、随意感、亲切感、艺术感等诸多气质。在标志中常见的手绘表现法包括素描、水彩、水墨、书法、版画等。手绘手法亲切、形式自然、繁简自如，往往受追求个性的企业或人文气息浓厚的项目青睐。近年来，地产公司或地产项目多采用此法强调其企业或楼盘的人文特质，并形成了一股手绘风潮。另外，一些专业从事艺术、艺术设计或者时尚产业的公司、工作室的标志，也非常热衷采用手绘表现法，用来提示专业的倾向性或彰显不羁、自由的个性等。

(二) 图案表现法

图案表现法多采用简约地再现现实、极简地反映意图、主观地装饰添加等标志表现形式。图案是造型发展的智慧产物。这种表现方式注重的要么是简洁，要么是烦琐，但无论是简洁还是烦琐，巧妙合理、抽骨提筋一定是其重要的前提。图案表现法是标志造型的主流手法，绝大多数标志都是图案表现法的生成结果。图案表现法的重点是把握表现对象的核心特征，提取其适于表达的形式元素，通过装饰处理，形成象形的、抽象的或象征的新形象，多见于色彩平涂的手法呈现，大多规整而有条理。

(三) 混合表现法

混合表现法既是讨巧的一种表达手法，也是偷懒的一种表达手法。对于混合表现法的运用具有一定的难度。混合表现法是时代的产物，是满足市场需求的产物，是使某些对象拥有应该拥有的独特形象必须采用的手法。这种手法在标志造型中更适合用于复杂形的表现。手法混搭具有一定的表现难度,混合表现法的重点在于将多种手法自然结合,让形式语言在繁复中呈现出简约感,从而便于识别和记忆。

(四)质感处理法

质感处理法是指将标志造型依据自然质感的模拟效果进行表现,是当代非常流行的标志表达手法之一。常见的质感有透明质感、金属质感、石材质感、水墨质感及各种自然肌理质感和人为肌理质感等。这些质感的表现关乎或不关乎标志本身的造型特点,追求的是崇尚自然或超越自然的视觉效果。质感处理法是具有创新性的代表性手法之一。

五、标志设计制作规范

标志的使用范围非常广泛,大至室外招牌和户外广告,小至名片,甚至有更小的应用。设计师必须考虑标志的适应性和组合规范,以确保标志在不同应用范围中的准确性和统一性。所以,标志在制图上必须细致严谨。

有了标准制图,在制作和施工时,尽管对象、材料、时间、空间等因素不同,也能准确无误地制作出标准标志的形象,达到易识别、整体统一的效果。所以,必须按照规范化的制图法正确标示标志的作图方法和详细尺寸,并制作出大小规格不同的样本将标志图形、线条规定成标准的尺度,以便于正确复制和再现。

标志设计
制作规范

标志是企业形象的象征,其造型要确保规范化、标准化,切不可随意改变。标志的标准化制图方法包括标注尺寸法、九宫格标示法、圆弧角度标注法和坐标标注法等。

(一)标注尺寸法

标注尺寸法指标出标志图形的具体尺寸,如长、宽、高、半径等。但对于较复杂的图形,此方法不适用。标注测量,又可以称为比例测量,可以对横向和纵向进行测量。用黑色、品红色或者标志对比色做测量线条。以 0.25 磅作为线条宽度,并用 a 作为变量单位。a 不是固定值,可以根据标志的大小调整,并计算出每段的比例值。我们可以看到 $3.85a$、$1.85a$、$5.4a$ 等比例测量标注方式,如图 2.35 所示。

(二)九宫格标注法

九宫格标注法指在正方形的格子上绘制标志,以确定标志各个部分所处的位置及比例,如图 2.36 所示。也可以用米字格来表示,用小格子确定标志图形的位置与比例。

(三)圆弧角度标注法

当标志图形中圆弧造型比较多时,为了方便复制,可标注圆弧的弧度和角度,运用标准的圆半径,按比例确定不同大小的圆,绘制不同比例的圆,用于精确标志绘图测量,如图 2.37 所示。

图 2.35　标注尺寸法

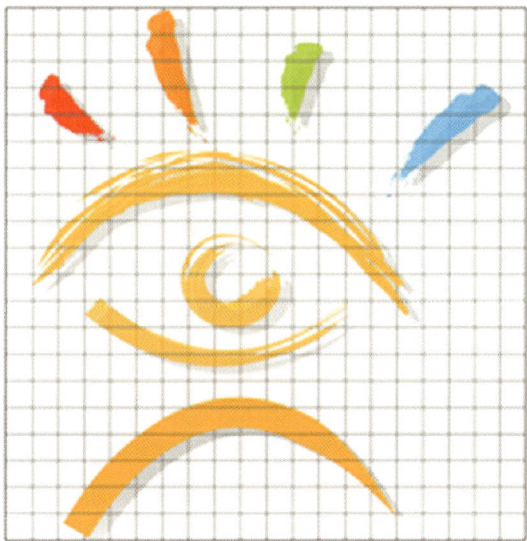

图 2.36　九宫格标注法

（四）坐标标注法

坐标标注法适用于特异图形，依据垂直、水平两个坐标，确定造型边缘及关键点的位置作为参照。坐标标注法的原理与九宫格标注法的原理一致。标志在运用中受到诸多客观因素的制约，要求绘制标志墨稿、反白稿和线稿，用以作为标志在单色印刷中所使用的形式，在不能使用色彩稿的情况下满足不同主体运用的需求。例如：中国石化的标志以线条的形式展现，如图 2.38 所示；国家电网的墨稿和反白稿在标志设计规范当中，标准制图通常用墨稿或者线稿进行制图，这样便于观察许多细节和使标注更加清晰、一目了然。

六、标志的视觉调整

不论是简单的标志造型还是复杂的标志造型，都要采用适合的标准制图方法进行制图，这样做的

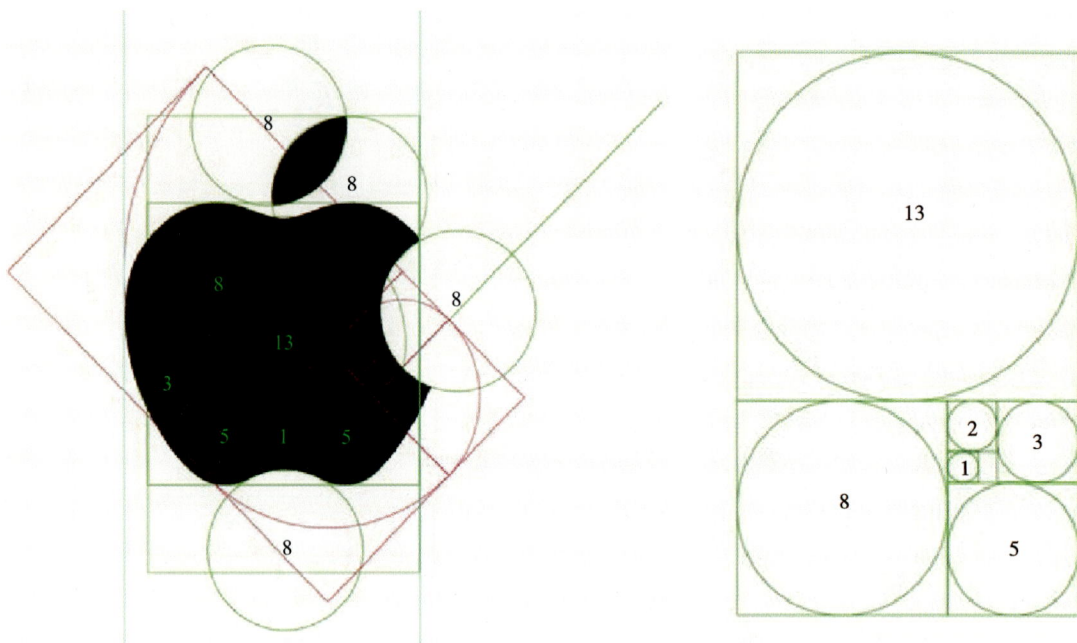

图 2.37　圆弧角度标注法

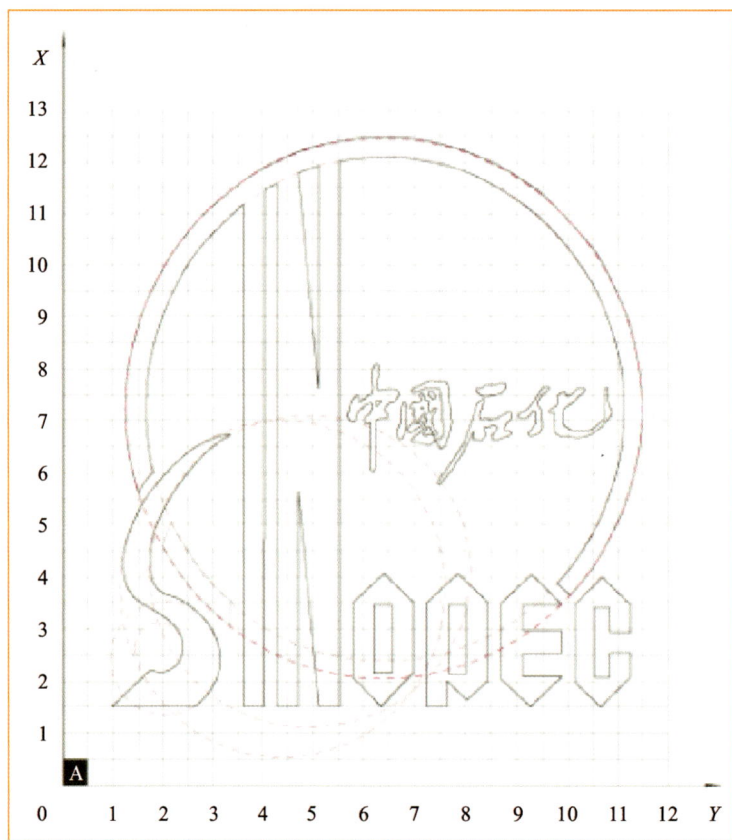

图 2.38　坐标标注法

目的是把标志图形更清晰、更规范地表现出来，以便于后期的延展应用。标志形象需要在不同环境、背景下进行应用，涉及标志的视觉调整，以获得视觉上的和谐对比，使标志更为精细。由于人眼在看东西时会产生各种各样的视觉偏差和错觉,同样一个图形处于不同的环境会给人不尽相同的视觉感受。

一样粗细的线条,横线看上去会比竖线粗。同等大小的圆,深色的圆看上去比浅色的圆更有分量感。同一个图形在空旷的背景下会显得单薄,在簇拥的背景下会显得饱满。为了弥补这种视觉偏差,实现视觉上的和谐,在应对不同状态时应精细微调标志。

视觉调整可以从以下几个方面着手。

(1)由于在不同的环境下使用标志会遇到不同的干扰,因此要应对不同的环境因素进行实际、具体的修正,实现内外和谐。

(2)当标志缩小时,油墨的涨出系数就会相应变大,所以标志缩小到一定尺寸时就会受到印刷技术、纸张和油墨等材料的限制。为确保标志放大、缩小后的视觉认知效果仍然合宜,应在标志缩放成不同大小幅度时,对标志的造型、线条进行相应的调试,并将调整后的比例进行规范,如图 2.39 所示。

图 2.39　标志视觉修正 1

(3)标志在适应各种媒体、载体时要具有延展性,这种延展性往往是在原有标志的范本上进行一定的演化得到的,演化出来的标志也应和原有标志一样具有固定的范本,而非随意演化,如图 2.40 所示。

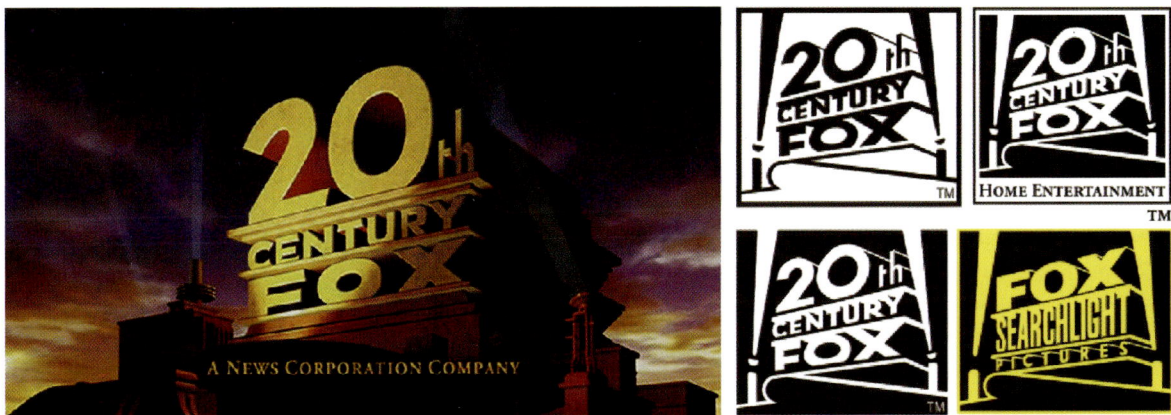

图 2.40　标志视觉修正 2

(4)当标志和其他元素组合时,组合的方位、比例均需经过一番调整和严格的规划方可达到构成上的均衡,如图 2.41 所示。

(5)由于标志应用的地方不同,同一标志缩放程度的差别也比较大,尤其在办公用品和商务应用

图 2.41 标志视觉修正 3

情景时,标志常常需要缩小使用。为保证缩小后标志的清晰度,统一标志的视觉认知,必须规范最低缩小限度的标准尺寸,同时要针对缩小后造型堆积、间隙消失、圆形重叠、设计要素模糊等现象进行适当的调整和修改。

七、标志设计步骤

为了使标志设计工作能有序高效地完成,设计师一般应遵循调查分析、设计构思、绘制草图、深化图稿、制作定稿等五个步骤。

(一) 调查分析

通过市场调查,了解企业相关信息作为标志设计的基础依据和根本出发点。需要了解的内容有企业的经营理念、文化内涵、历史、性质、经营战略、企业知名度、消费人群概况等。同时,设计师还应该收集、整理同行业竞争对手的标志作为参考。此外,设计师在此阶段还应充分考虑企业标志将要进入的环境,如标志用于何处、用在什么材料上等。

(二) 设计构思

在设计构思阶段,设计师要将上一阶段获得的调查资料作为依据,通过整理这些资料信息找到设计的突破口。例如,设计构思可以从企业的产品造型、企业的名称、企业名称的简称、企业的文化、企业的服务宗旨等方面考虑。此外,在构思过程中,设计师要发散思维,绘制思维导图,并将所选的题材进行简化处理或进行渐变、立体化、拉升、重叠、扭曲等处理,从多个题材当中寻找灵感,从而尽可能构思出更多的创意方案。

(三) 绘制草图

在绘制草图阶段,设计师要将标志的创意构思进行具体描绘,使其演变成具体象形符号。在绘制过程当中,设计师一般采用手绘方式,根据所构思的内容进行多种组合和描绘,画出大量草稿,然后进行整理、对比、筛选,直至挑选出最为满意的方案。

(四) 深化图稿

深化图稿是将绘制的草稿进行深层次制作的过程。设计师一般会选择两至三个草稿进行更加细致的调整。在调整的过程中,设计师要始终保持标志的完整性,如比例大小设定和要素间的疏密关系。在色彩的选用上,设计师一般选择一至三种颜色,选用与企业气质和设计主题相符的颜色,同时注意色彩明度和纯度的调整。在深化图稿时,设计师要征求各界人士(如公司的员工、管理层和目标消费者等)的意见,从而使标志的造型尽可能完美。

(五) 制作定稿

制作定稿是将已经确定的图稿进行标准化制作的过程,一般采用 Photoshop、Illustrator、CorelDRAW 等专业绘图软件。此阶段需要使用标准化制图方法将标志制作得更加规范和精细,并注意标志的尺寸、角度、数据等细节问题。

第二节　标准字设计

一、定义

标准字是企业识别系统中的基本设计要素之一,因为种类繁多、运用广泛,几乎涵盖了视觉识别系统中的各种应用设计要素。标准字的出现频率及重要性绝不亚于企业标志。

标准字(logotype)本来是印刷术语,指将两个以上的文字铸成一体的字体。就当今设计的意义而言,标准字泛指将某事物、团体的形象或全名整理、组合成一个具有特殊形态的文字群。从企业经营策略的观点看,标准字是将企业的规模、性质、经营理念、精神等,透过文字的可读性、说明性等明确化的特性,创造出具有独特风格的字体,以达到识别企业、塑造企业形象的目的,增强企业在消费市场的信誉。

除造型外观不同外,标准字与普通印刷字体最大的区别在于文字之间的配置关系。通常铅字是根据任何字体均能组合的印刷要求而设计的,它们可以随文章内容的需要随意组合。标准字是根据特定的企业品牌名称、活动的主题与内容专门精心设计创作的,对于标准字的字距、笔画的搭配、线条的粗细、统一的造型要素等,均要细致规划。对于文字的配置关系,要经过视觉调整、修改,求得空间的平衡与结构的和谐等心理感受。例如,很多企业名称、产品名称、活动名称、店铺名称、广告标题等使用的字体都是经过特别设计的,而不是用通常的印刷字体。

二、特点

标准字的特点如图 2.42 所示。

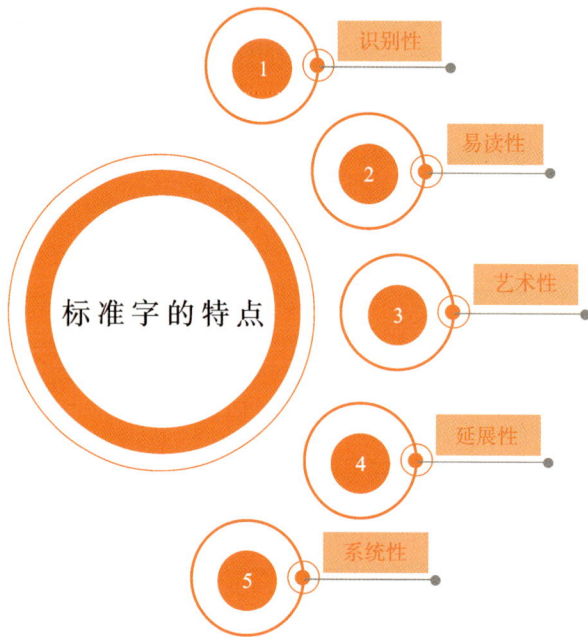

图 2.42　标准字的特点

(一)识别性

对标准字的首要要求就是应具有独特的风格,能给人留下强烈的印象。为了有效表现企业的个性和商品的个性,满足企业识别的基本要求,设计者必须根据企业文化背景和企业经营理念,创造出恰当的、具有鲜明个性特征的标准字,将企业的经营内容或产品特性利用各种方式(如象征性的造型)具体地表现出来。

(二)易读性

标准字是为表现企业的独特个性及商品特质而设计的。标准字的设计虽然可做适度的简化、修饰,但绝不意味着可以随心所欲地追求新奇。设计标准字时,字体的基本笔画和结合法则必须遵循,这样才不致让人无法辨认,造成信息传达的阻隔,无法收到传达企业情报、告知信息的功效。

(三)艺术性

决定标准字的设计是否成功的一个关键的因素就是艺术性。具备美感的标准字才易于使观看者产生共鸣并认同,吸引其注意,加深其印象。因此,标准字的设计应在文字基本结构的基础上,使其具有创新感、亲切感和美感。

(四)延展性

由于标准字广泛应用于各种媒体(霓虹灯、广告塔等较大的设施设备,名片、信纸等袖珍小巧的办公用品),为了适应各种不同的场合及要求,标准字必须具备延展性。标准字在放大、缩小、反白和边框处理,以及不同材料和空间位置处理方面都应得体,甚至应在不采用标志的情况下,也能独立发挥识别等功能。

(五)系统性

标准字通常与其他视觉识别要素组合运用。考虑如何与其他基本要素和谐配置运用,掌握未来企业发展的方向,预想各种可能的结合形式,以贯彻视觉传达的统一性,是具有预见性、系统性的设计表现。这种系统性的设计,能增强企业视觉传达的诉求力,获得统一的形象表现。

结合以上对标准字设计的基本要求看我国企业界的现状可以发现,真正达到要求的设计并不太多。目前,国内相当一部分企业根本没有设计标准字,而是不顾自身的特性,聘请书法家题写企业或商品名称专用字。以 CI 战略的眼光来看,这种做法虽然能使字体造型具有美感,比一般铅字更具魅力,但与当今企业信息传达的新趋向、新发展相左。

书法字体用作标准字可能面临许多困扰。例如,同一书法字体出现在不同企业,难免影响对企业差异性的表现。此外,书法字体自由书写、即兴而成,特别是草书、篆字易读性不高,难以辨认,或者造型过于活泼,结构极不规则,难以适应不同场合的应用,与其他识别要素,尤其与英文字体组合时,不易获得和谐的效果。

总之,书法字体用作标准字有很大的局限性。具有中国传统特色的企业或产品,或者原来就以书法字体作为标准字并已得到广大消费者的喜爱和认同的企业或产品,可以考虑以书法字体为标准字。其他企业及产品,一般不宜以书法字体作为标准字。

三、标准字的种类

(一)企业标准字

企业标准字主要用于传达企业名称及精神,表现企业的经营理念和品格,以建立信誉。企业标准字与企业标志一样是企业的面孔,具有统一企业意识的功能,二者相辅相成。企业标准字是其他标准字的设计基础。

标准字的种类、特征

(二)品牌标准字

考虑到企业发展的国际化、经营领域的多样化、市场占有率的扩张以及保护企业形象等方面的需要,很多企业并不把企业标准字作为其所有商品的品牌,而是另立品牌,以强化品牌的知名度为重点来达到促销的目的,因此,有必要设计品牌的标准字。例如,美国可口可乐公司除了生产风行全球的可口可乐外,基于经营策略和业务发展的需要,还打造了很多其他品牌,如雪碧、芬达等,如图2.43所示。

图 2.43　品牌标准字

(三) 产品名称标准字

同一个企业或品牌可能会生产不同类型的产品,为了表现各种产品的不同性质,有必要分别给予相应的名称,以强化产品的个性表现。产品一般均采用有亲切感、语感好、容易记忆、个性强的名称。

(四) 活动标准字

活动标准字是专为新产品推出、周年纪念、节日庆典、展示活动及各类竞赛等特定场所及活动设计的标准字。这类标准字因为使用时间短,设计特色大多为风格自由、活泼、令人印象强烈。

各种活动标准字由于功能不同,设计的形式、使用的频率、使用的范围有所不同。尽管如此,从 CI 战略的观点来看,设计师在设计前必须对它们进行全盘细致的调查研究;在设计时应围绕企业的特质进行全面的考虑,使各类标准字都能准确地反映企业的特质和共性,在企业关系者心目中形成统一的形象。活动标准字如图2.44所示。

图 2.44　活动标准字

四、标准字的功能

标准字的合理设计,对于企业信息的传递和企业形象的树立,具有重要的作用。设计完工后的标准字应具备以下几个功能。

(一)使企业名称形象化

这实际上是把企业名称转化为视觉直观形象并营造审美心理氛围,在强化企业识别标志的接受度和感知力的同时,又强化了企业识别标志的辨识度和认定性。

(二)能充满情感地将企业的形象予以传送

信息传播的认同和内化,是与情感的感染、交流分不开的,通过标准字的字体美术效果,能将企业形象转化为一种情感体验,使员工和社会公众在潜移默化中接受和认同企业的识别标志。

(三)能体现企业的整体经营风格

标准字的用处极为广泛,企业是属于稳重型、奔放型、勇于创新型还是热情型,在标准字的设计中均能体现出来。

五、标准字设计方法

(一)设计前的调查

标准字的设计要有个性、适应性、系统性,易阅读并富有美感。标准字的设计程序与标志的设计程序相同,需要掌握必要的设计背景资料、确定明确的设计方针,方可正式动手进行设计。在确定名称之后,设计师须选择用什么样的字体来表现名称,不同的字体会给内容印象带来很大的变化。由于标准字的形象与已有的标准字不能类似,因此必须进行调查。设计师在接受制作委托时虽然可以对相关资料进行收集,但是往往一时很难收集齐全。因此,设计师平时就要注意观察,见到新的标准字就要按不同行业进行整理和记录。若认为原先标准字不合适企业,设计师除可以重新设计新的标准字外,还可以将现有标准字加以改良。设计师应以一定人数为对象进行印象调查,在结果的基础上再决定是进行改良还是重新设计制作。这种调查的要点在于以什么人为对象、就什么内容进行调查,一般包括如下几点:是否吻合行业和商品的形象;能否给人以新的感觉;企业能否使人感到有发展前途和可信赖性;商品的购买年龄层是否喜欢;是否有亲切感;是否清晰易认。

标准字的
设计方法

(二)标准字的设计要点

独特的风格和强烈的印象是设计标准字时要强调的重点。标准字设计得成功与否还取决于造型因素,要使其富有美感、亲切感和创新感。

1. 整体形态的确定

根据企业文化与经营理念的不同,设计师应确定字体的整体形态特征,如方正、扁长、斜置或其他式样的外形形态等。塑造不同个性的字体,有助于准确地表现企业性质、个性风貌和商品特性。标准字的形态应与标志的形态呼应,这样才能融为一个整体,传达出企业的完整形象。标准字设计的要点之一为内容的印象表现。企业名称标准字是企业的业务内容和正在发展的状况及今后趋势的形象化体现。在常见的形象化标准字中,为表示交通工具的运动的速度感,设计师常常将标准字处理成斜体,在文字上附加笔触类装饰物或线条进行强调。例如,为了表示国外的化妆品和酒等的异国情调,设计师采用原产国有代表性的风景、建筑物、动植物的组合。无论是哪一种,其形态都已得到固定化。凭借进一步发展这些表现形式,标准字可以表现新的印象。固定化了的形式也是随着时代的变化而不断变化的。

标准字设计技巧

2. 基本笔画的斟酌

字体的整体形态特征确定后,设计师勾画出基本笔画于适当位置,要注意字与字的大小比例、笔画粗细、空间架构的配置是否均衡协调。字体笔画、结构必须遵循规则,虽然可以适当装饰或简化,但要符合企业的精神,具备准确传达信息的易读效果。设计时重点考虑的问题是笔画的粗细、线端和曲线的形态、中文与英文的协调、单色与多色的选择、横向与纵向的组合,以及创新之处的体现等。装饰字体表达的含义丰富多彩:细线构成的字体容易使人联想到香水、化妆品之类的产品,圆厚柔滑的字体常用于表现食品、饮料、洗涤用品等;浑厚粗实的字体常用于表现企业的强劲实力;有棱角的字体常用于展示企业的个性。

3. 排列方向的处理

排列方向的处理指根据不同字体的基本特征,确定不同的排列方向,如图 2.45 所示。在中外文字体比较上,中文字体可根据设计的需要做竖排或横排的方向处理;拉丁字体较适合横向排列,竖向排列由于不符合人们的视认习惯一般效果欠佳。横向排列字体的倾斜处理,可形成一定的方向感;斜置的字纵向排列则会显得十分不稳定,产生飘落感。连体字在横排时会产生流畅连贯的美感,但无法拆开做纵向排列,也无法保持原有字体的统一感。

4. 视觉误差的修正

人类视觉存在误差是客观事实。具体到标准字设计,造型的不同也会产生视觉误差。造型优美的字,重心不一定就在字的正中间,而可能会在中间偏左上方一点的位置,这当然就是人们的视觉误差和审美习惯造成的。掌握这一规律非常重要,它决定着字体形象最终是否美观。所以,在进行字体创意时,设计师除了要把握好造型设计外,还要修正视觉误差。

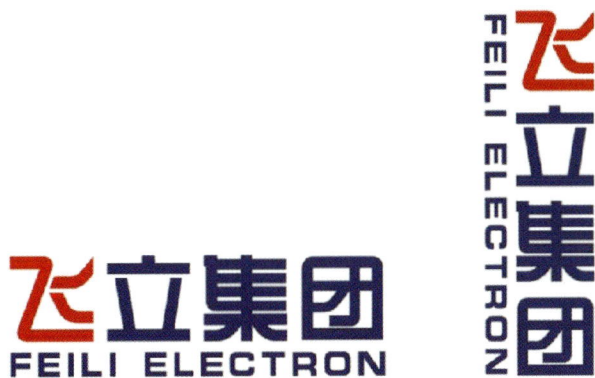

图 2.45　标准字按不同方向排列

六、标准字制图

当标准字设计完成后,设计师要制作标准比例图和大小不同规格的字样。标准字标准比例图的制作方式一般为以等分线画出正方形格子,再依标准字的造型而选择适当的方法,如图 2.46 所示。

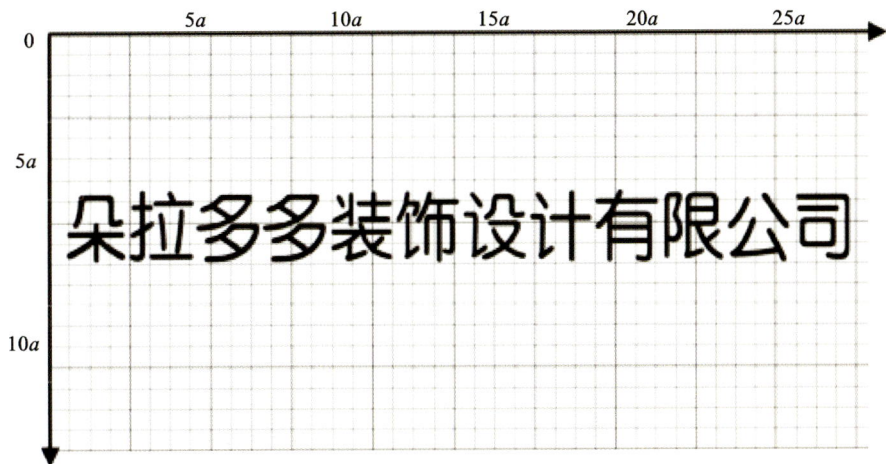

图 2.46　中文标准字网格制图

标准字制图以便于寻求位置、计算面积为原则,要能明确地说明标准字各字之间的相互关系,包括空间结构的配置、笔画粗细的变化、角度圆弧的求取、视觉的调整等;在方格上以符号说明笔画长宽比例,要比使用尺寸数字更便于换算;通过方格容易看出各字及笔画高度、宽度的细微变化;斜体字应当使用斜等分线表示,并标明倾斜角度与圆弧的圆心位置。

企业的中文标准字常常被印刷在包装、DM 单等元素上。设计师根据这些元素的外部特征对标准字的使用比例进行调整,可以使标准字与载体在规格上变得更加匹配。中文字体的结构比较复杂,所以它的最小使用比例一般都在 20 mm 以上,如图 2.47 所示。

在标准字的制作中,将字体以黑白两种配色形式分别放置在以白色和黑色为主色调的背景中,可以构成阴阳图示效果。我们通过这种校对方式来观察中文字体的外部轮廓是否有扭曲或变形的痕迹,如图 2.48 所示。

100 mm **朵拉多多装饰设计有限公司**

40 mm **朵拉多多装饰设计有限公司**

20 mm 朵拉多多装饰设计有限公司

图 2.47　中文标准字最小使用范围

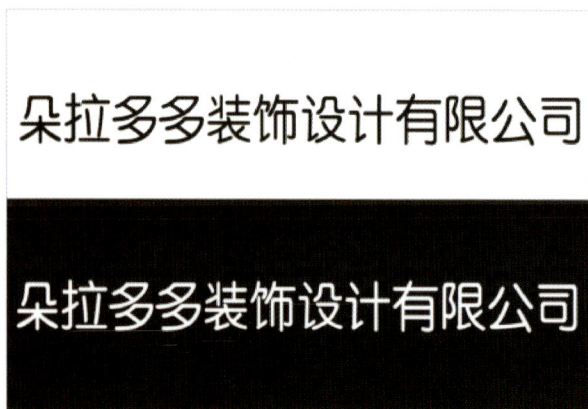

图 2.48　中文标准字阴阳图示

七、设计标准字应注意的问题

在标准字的设计过程中,企业应注意以下几个问题。

第一,虽然标准字的设计讲究新意、美观,但所设计的标准字必须是清楚的而不是模糊的,是首创的而不是模仿的,是具有功能作用的而不是毫无意义的,是独特醒目的而不是容易遗忘的。

第二,标准字的设计应内涵丰富,能迅速传达企业的理念和个性特征。

第三,标准字应易于识别而且赏心悦目,没有不适宜的含义和言外之意。

第四,标准字应能适用于所有广告媒体,并能够做企业识别系统各构成要素的统一物。

八、中英文标准字的标准制图规范

为了使标准字能够更加准确地表述企业信息,在实际的创作中,我们应当严格遵守字体的标准制图规范,通过正规的绘制渠道制作标准字,使用工整严谨的笔画结构,在视觉上给受众带来强烈的正式感,如图 2.49 所示。

企业标准字可细分为中文全称字体、中文简称字体、英文全称字体、英文简称字体,如果有分公司,则要把分公司的名称单独列为一项。每一项展示的内容包括标准字的网格坐标制图、标准字反白

图 2.49　中英文标准字的标准制图

稿（阴稿）、彩色稿（阳稿）。中文标准字是企业进行社交活动时用到的具有统一性的字体样式。标准字大多会被应用到企业的宣传告示上，能代表企业的整体形象，因此在制作该类标准字时，我们应当严格遵守标准制图的要求，以确保标准字在印刷时的规范性。在使用字号上，设计师要明确中文标准字最小使用范围。企业的中英文标准字常常被印在包装、DM 单等元素上。设计师根据这些元素的外部特征，对标准字的使用比例进行调整，可以使标准字与载体在规格上变得更加匹配，如图 2.50 所示。

中英文标准字体
的标准制图规范

当公司标志组合高度低于16 mm时，注册商标®直径不得低于0.8 mm。

图 2.50　中英文标准字体最小使用范围

第三节　标准色设计

一、定义

　　标准色是企业指定的某一特定的色彩或一组色彩系统。它运用在所有的视觉传达设计的媒体上,透过色彩具有的视觉刺激作用,突出表现企业特定的经营理念或产品的内容特质。标准色在企业识别系统中具有强烈的识别效应,是企业经营策略的重要组成部分。

　　色彩之所以成为企业经营战略的重要部分,与当今各种信息传播媒体和技术的高速发展相关联。色彩之所以具有魅力和举足轻重的作用,是因为色彩本身具有视觉刺激作用,能引发强烈的生理和心理反应。在生活习惯、社会规范、宗教信仰、自然环境等的影响下,人们看到某种色彩就会条件反射般地产生各种具体的联想和抽象的情感。"远看色,近看花",自古以来,人们就认识到色彩具有先声夺人的效果。例如,美国可口可乐公司的红色,使人感受到青春洋溢、健康、欢乐的气息;柯达公司的黄色,充分表现色彩饱满、璀璨辉煌的产品特质;泛美航空公司的天蓝色,给乘客留下快速、便捷、愉快的飞行印象等。正是由于在视觉传达方面具有这种微妙的力量,标准色成为当今企业识别系统中的基本要素,可以强化企业或品牌形象。

标准色设计

　　不同的国家有不同的文化背景。不同国家的人,甚至不同年龄、性别、阶层、职业乃至宗教信仰和兴趣爱好的人,对同一色彩的感受和好恶是各不相同的。企业标准色应以最新色彩心理调查成果为依据,针对企业的经营理念及关系者群体来确定,如表2.1所示。

表2.1　不同国家或地区对颜色的偏好

国家或地区	喜欢的颜色	讨厌的颜色
德国	鲜明色彩	茶色、黑色、深蓝色
法国	灰色、白色、粉色	黑绿色、黄色
英国		红色、白色、蓝色
比利时		黑绿色、蓝色
瑞士、西班牙	各色、浓淡相间色组	黑色
挪威	红色、蓝色、绿色	
瑞典、意大利	绿色	(瑞典)蓝黄相间色组
爱尔兰、奥地利	绿色	
荷兰	橙色、蓝色	

国家或地区	喜欢的颜色	讨厌的颜色
日本	黑色、紫色、红色	绿色
新加坡、马来西亚	绿色、红色	黄色
巴基斯坦	翠绿色	黄色
土耳其、突尼斯	绯红色、白色、绿色	花色
北非伊斯兰国家、埃及	绿色	蓝色
巴拉圭		绿色
埃塞俄比亚		淡黄色
巴西、秘鲁		紫黄色、暗茶色
伊朗		蓝色
印度	红色、橘黄色	

只有当选定的标准色既符合色彩心理学的一般准则，又能准确表现企业的经营理念及商品特质时，才能达到利用色彩准确传达企业及其商品信息、强化企业形象、促进商品销售、提高企业竞争力的目的，如图2.51所示。

图 2.51   墨尔本城市品牌新形象设计

二、标准色选择动机

(一) 基于企业形象的原因

根据企业的经营理念或产品的特质,选择适合表现这一形象的色彩,以表现企业的安定性、信赖感、发展前途和生产技术及商品的优异为前提。

(二) 基于经营战略的原因

为了强调企业之间的差别,选择耀眼夺目、与众不同的色彩,以达到识别企业、突出品牌的目的。应以使用频率最高的传播媒体或视觉符号为标准,充分表现这一特定色彩,引起条件反射的行动;可与公司主要商品色彩取得同一化,形成同步扩散的传播力量。

(三) 基于成本与技术的原因

标准色的设定

色彩在传播媒体上应用非常广泛,可能涉及各种材料和技术。为了实现标准色的精确再现与方便管理,应尽量选择与印刷技术相适应的色彩,使之达到同一化。另外,应避免选用特殊的色彩或多色印刷,否则会增加制作成本。

企业标准色的设定,可根据上述三个方面综合考虑,选择适合多种需要的色彩,作为企业经营的竞争动力。

三、基于色彩特性选择标准色

(一) 色彩的感染力

有色比无色更抢眼,彩色比极色(白色、黑色)更抢眼。色彩在视觉上最容易增强形象的感染力。色彩有明显的刺激感和影响情绪的作用,通过视觉冲击直接影响人们的感情和行动,如图 2.52 所示。

(二) 色彩的表现力

多一种颜色,是为了多一个标志性因素和一种表现手段,从而强化标志的表现力。色彩运用得好,能表现企业及其产品的个性特征,如图 2.53 所示。

(三) 色彩的记忆力

色彩有强化记忆的功能,这与上述强化标志性、表现力的道理相同。良好的色彩构想及其表现,有引起回忆、勾起联想、产生重复回忆的作用。人们在接触事物时,事物的色彩特征比形状特征更能使人印象深刻、难以忘却,如图 2.54 所示。

图 2.52　意大利热那亚城市形象

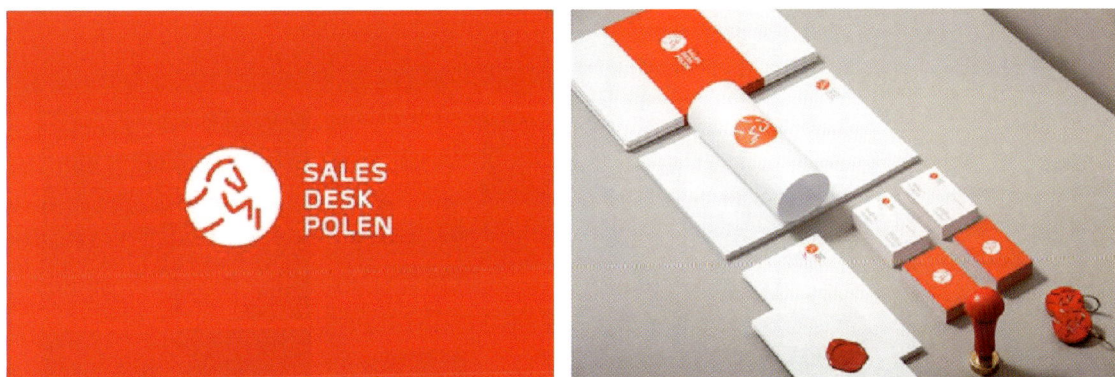

图 2.53　具有感染力、表现力的标志标准色及企业形象

(四) 色彩的意想力

色彩能传达意念、表现情感。复杂、抽象的事物,经色彩处理,能变得简洁、明快、醒目,如红色用在交通标志上传达危险和禁止的信号,而在另外的场合中则呈现喜庆吉利等主题。

(五) 色彩的情感

色彩能使观看者产生情绪和感情共鸣。人们的这种色彩情感与色彩心理反应,是从生活中抽象获得的。大千世界变化万端的自然色泽,是其抽象的基础:红、黄色系的纯色,使人兴奋,产生温暖感;蓝、绿色系的纯色,使人沉静,产生寒冷感;明度和纯度高的色彩,使人感到高雅华丽;明度和纯度低的色彩,使人产生朴实无华的感觉。色彩能形成活泼或忧郁之感,是以明度变化为主,伴随纯度的高低与色相的冷暖而形成的。由此可知,色彩不仅表现着自然景色,还能引发不同的心理奏鸣,如图 2.55 所示。

图 2.54　巴拉圭国家品牌形象设计

图 2.55　白俄罗斯首都明斯克城市形象视觉设计

（六）色彩的象征性

色彩的个性与产品及企业的特点是能够相通的。借助人们的观念、认知和共同的心理联想所能理解的颜色，可以呈现企业及其产品的个性特点，这就是色彩的象征性。例如，红色用于药物包装，暗示是滋补性药物，蓝色和绿色则暗示是消炎、清热药物。

(七) 色彩的识别性

从信息论的角度讲,企业色彩的运用,一要迅速传递商品信息,二要防止市场上的信息干扰。在企业色彩计划中,有时为了加强视觉冲击力,可以运用不合常理的特异手法,以期成为竞争的优胜者。例如,通常化妆品的包装都用浅的暖色,而一旦某种化妆品的包装一反常规,采用深色,那么它在商店的货架上自然就成为视觉中心,排除了其他信息的干扰。

四、标准色的标示方法

标准色设定后,设计师要制定严格的管理方法,采用科学化的数值符号或统一编号等标示方法,为以后标准色的实际运用提供依据或样本,以实现标准化、同一化的色彩再现。标准色的标示方法大致有以下三种。

(一) 色彩学数值标示法

色彩学数值标示法是指按照色彩学中表示色彩三要素(色相、明度、纯度)的数值,标示企业标准色的相应数值,以求取精确的色彩,如图 2.56 所示。

图 2.56　Munsell 色卡

(二) 印刷油墨或油漆涂料色彩编号标示法

印刷油墨或油漆涂料色彩编号标示法是指根据印刷油墨或油漆涂料制造厂家所设定的色彩编号来标定企业标准色,如图 2.57 所示。

(三) 印刷制版标示法

印刷制版标示法是指根据印刷制版的色彩分色百分比,标明企业标准色所占的百分比,以利于制版分色的作业。

上述各种标示方法在标示和再现色彩精确度方面都有其优缺点,应根据标准色运用时可能涉及的传播媒体的特点,配合运用项目的需要,选择适当的标示方法,以便于核对色彩再现的精确度。最后,为了管理上的方便,还需印制标准色的色票(或样本),以便于各种应用设计项目制作时参考,供印刷成品的校对、比较。

图 2.57　PANTONE 色卡

五、品牌颜色管理

根据美国权威色彩研究机构的研究报告,93%的顾客在购物时最在乎的是颜色以及外观;85%的顾客直接表明颜色是购物时最主要的考量;当品牌标示用对颜色,顾客根据颜色辨识该品牌的信心会提升 80%。

在打造品牌个性上,颜色的选取至关重要,不同的色彩带给人不同的感受,因此色彩的选取也必须经过一番斟酌。不同色相有着不同的性格和情感意味,如表 2.2 所示。

表 2.2　不同色彩的情感表达象征性

颜色	象征性
黑色	象征权威、高雅、低调、创意,也意味着执着、冷漠、防御
灰色	象征诚恳、沉稳、考究。铁灰色、炭灰色、暗灰色在无形中散发出智能、成功、权威等强烈信息,中灰色与淡灰色有沉静的意味
白色	象征纯洁、神圣、善良、信任与开放;白色面积太大会给人疏离、梦幻的感觉
褐色、棕色、咖啡色系	典雅中蕴含安定、沉静、平和、亲切等意象
红色	象征热情、性感、权威、自信、能力充沛
粉红色	象征温柔、甜美、浪漫、没有压力、女性化的热情
桃红色	象征洒脱、大方、性感
橙色	给人亲切、坦率、开朗、健康、安适、放心的感觉,浪漫中带着成熟的色彩
黄色	具有警告的效果,象征信息、聪明、希望;淡黄色象征天真、浪漫、娇嫩
绿色	绿色给人无限的安全感受,象征自由和平、新鲜舒适;黄绿色给人清新、有活力、快乐的感受;明度较低的草绿色、墨绿色、橄榄绿色给人沉稳、知性的印象
蓝色	明亮的天蓝色象征希望、理想、独立;暗沉的蓝色意味着诚实、信赖与权威;正蓝色象征着坚定与智能;淡蓝色、粉蓝色则会让人放松
紫色	紫色是优雅、浪漫的颜色,被引申为象征高贵的色彩。淡紫色带有高贵、神秘、高不可攀的感觉;而深紫色、艳紫色则寓示魅力十足、狂野、华丽浪漫

不同行业的色彩运用也不相同。荷兰著名的设计公司 GraphicHug 为全球著名品牌形象色彩做的

不完全统计图谱调查结果显示,蓝色是品牌最为偏爱的色彩,其次是红色,如图 2.58 所示。

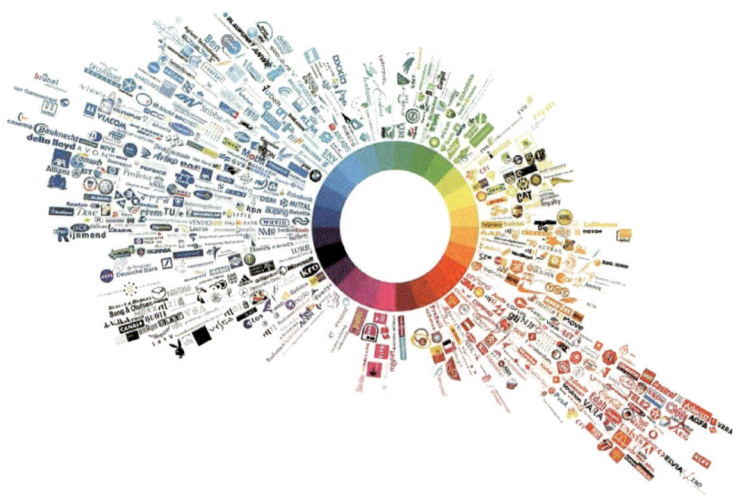

图 2.58   荷兰 GraphicHug 制作的国际知名品牌标志色彩统计分析图

在品牌色彩选用的研究上,贤草品牌设计顾问公司收集整理了不同行业的品牌标志设计偏好色彩。该公司对国际上主流乳制品企业及品牌的标志进行了调研,发现这些主流的品牌标志在色彩上为了衬托牛奶的洁白,约 80% 采用了蓝色作为主色,其次是红色,尤其是日本乳制品品牌,如图 2.59 所示。

图 2.59   国际主流乳制品企业品牌标志

在世界 100 强网络品牌色彩调研分布图中可以看到,虽然网络世界色彩缤纷,但是蓝色系和红色系仍是品牌的两大阵营,如图 2.60 所示。

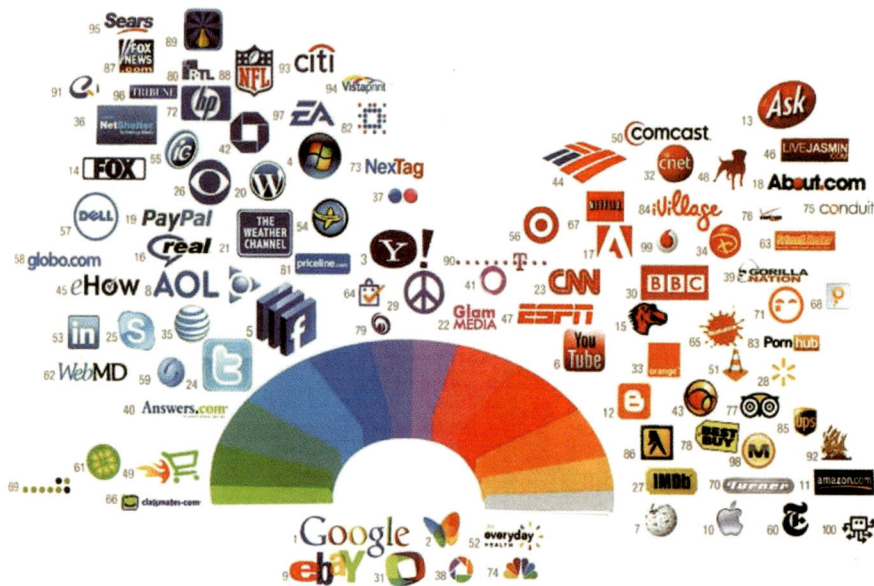

图 2.60　世界 100 强网络品牌色彩调研分布图

当然,颜色的选择各有优缺点,选取大众公认的保守色彩可以保证不会出错,但是千篇一律未必最佳,关键还是要结合品牌理念和品牌个性主张来选择品牌形象的主打色。除了主色彩的心理感受外,色彩的搭配也是设计人员需要考虑的一个方面。往往一个标志或品牌配色由多种色彩组成,延伸色彩也多种多样,色彩之间的互相搭配能够产生新的感觉。

六、标准色设计技巧

(一)取色途径

色立体呈现的是色彩规律和色彩关系。色立体可以有效地帮助人们理性、快速地优化取色途径,从而为获得理想的色彩铺平道路。看似神秘又复杂的色立体带给人们的是一个有规律的色彩组织,是一个完整而概括的色彩世界。它是以有限呈现无限的一个智慧空间,将其分解后就可以获得一个既可以宏观观测又可以微观取色的便捷网络(见图 2.61)。所谓的分解,就是将色立体解剖成为平面色盘,使该色盘成为实用而非理论上的取色工具(见图 2.62)。

(二)配色角度

合理配色是在对色彩基本知识、色彩形状观念、色彩空间理解的基础上才能做到的。同时,对企业文化的理解和认知度也决定了配色的选取角度。在以上前提下,设计师可以先对色彩倾向做出决定,然后进行取色和色彩组织关系建立等工作。我们可以通过图 2.63 清楚地看到取色和配色的生动样板。

图 2.61   色立体

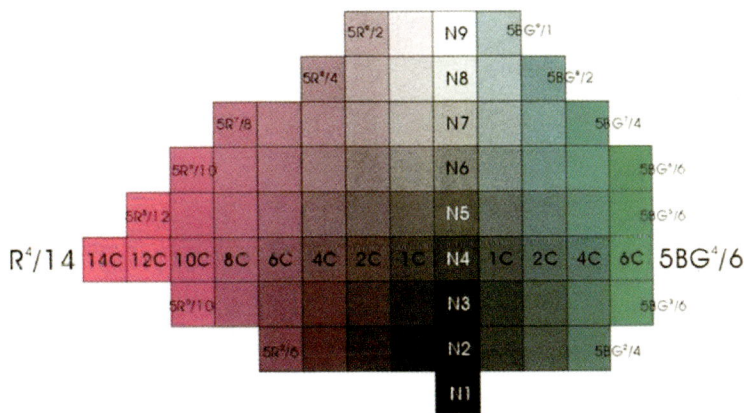

图 2.62   色盘取色

七、辅助色彩设计

(一)定义

在进行色彩设计和研究的过程中,设计师要先了解什么是色彩。在企业视觉形象设计中,标准色是企业特定的标志性的色彩,是标志、标准字、宣传载体专用的色彩;辅助色是为了配合标准色而设计的颜色,主要用于衬托表现核心基础要素。辅助色的设定要以标准色为依据,在一定程度上是为了消除标准色在应用中的单调感,让企业用色更加丰富、更加协调。辅助色是视觉识别系统中标准色的有效补充,主要可以从两个方面弥补标准色可能存在的短板:一是在实际应用中,标准色常常显得单调乏味;二是企业在母公司、子公

辅助色彩设计

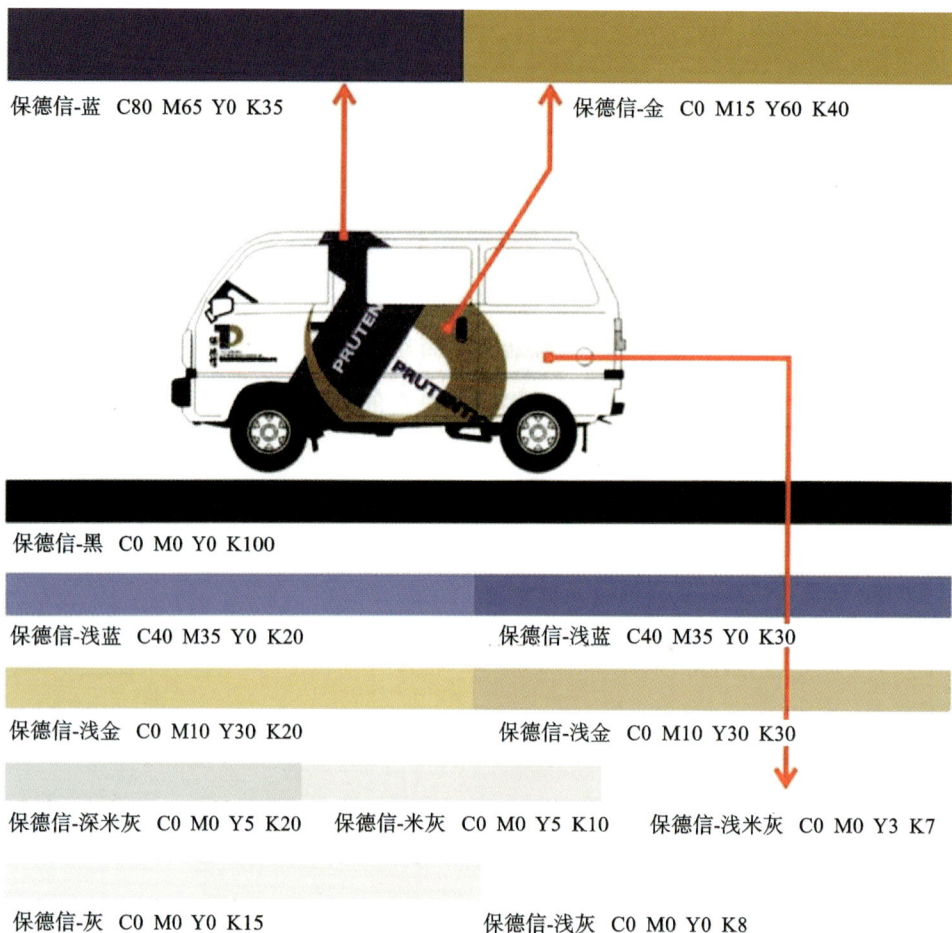

保德信-蓝　C80 M65 Y0 K35

保德信-金　C0 M15 Y60 K40

保德信-黑　C0 M0 Y0 K100

保德信-浅蓝　C40 M35 Y0 K20

保德信-浅蓝　C40 M35 Y0 K30

保德信-浅金　C0 M10 Y30 K20

保德信-浅金　C0 M10 Y30 K30

保德信-深米灰　C0 M0 Y5 K20　　保德信-米灰　C0 M0 Y5 K10　　保德信-浅米灰　C0 M0 Y3 K7

保德信-灰　C0 M0 Y0 K15　　　　保德信-浅灰　C0 M0 Y0 K8

图 2.63　配色案例

司、不同部门、不同场合和不同品牌的传播活动中,需要以有相应变化的色彩作为辅助色,以便于内部区分和加强视觉效果等。例如,日本大荣百货公司针对各种产品、广告媒体规划了多达 78 色的色彩系统,详细规定各色彩运用的项目与配置面积,使企业的视觉形象更丰富且具有条理,如图 2.64所示。

辅助色的设定要以标准色为主导,并注意与标准色的关联和配合,与标准色互为补充,演化出灵活多变但不脱离主体色彩基调的多样化方案,保持标志各要素(如图形、文字、色彩)的个性和共性的和谐、均衡。辅助色的运用就是配色的过程,合理的颜色搭配其实并不是靠个人的感觉做到的。合理的颜色搭配必定受到合理的配色规律和配色方法论的支撑。

(二)辅助色的配色方法

1. 色相环

我们常见的色相环通常分为 12 色色相环、24 色色相环、36 色色相环等。但无论是哪种色相环,任何一色作为基色,其他色相都相应分为角度为 15°的同类色、30°的类似色、60°的邻近色、90°的中差色、120°的对比色、180°的互补色等类别,如图 2.65 所示。

图 2.64　日本大荣百货公司标志、标准色及视觉应用

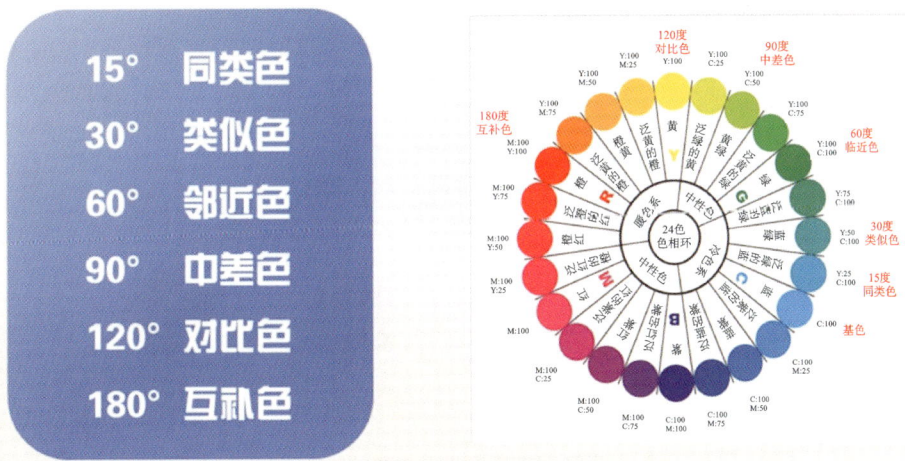

图 2.65　色相环

2. HSB

颜色是由 HSB 构成的,如图 2.66 所示。H 表示色相,是指色彩的相貌,是在 0 到 360°的标准色轮上按照位置度量的。S 表示饱和度,是指色彩的鲜艳程度,也称为色彩的纯度,取值范围为 0 到 100%:数值为 0 时色彩为灰色;数值越大,色彩的饱和度越大,反之则越小。B 表示亮度,是指色彩的明亮度,取值范围为 0 到 100%:数值为 0 时色彩为黑色;亮度的数值越大,色彩的饱和度越大,反之则越小。

(三) 合理的配色方案

了解了色相环中色彩的分类以及 HSB 的概念后,要设计出科学合理的颜色搭配方案就变得相对

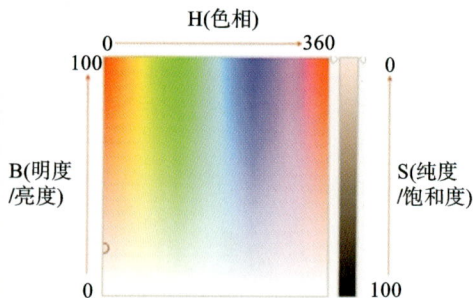

图 2.66　色彩三要素

容易和简单了。

1. 在确定基色后配比其他辅助色

例如,我们用 HSB 值为 199、100、91 的蓝色为基色,将饱和度降低 50 就得到了同色系的颜色,将色相增加 15、30、60、90、120、180 就能够分别得出同类色、类似色、邻近色、中差色、对比色、互补色,从而将它们作为蓝色的辅助色,如图 2.67 所示。

图 2.67　在确定基色后配比其他辅助色

2. 在 HSB 中确定好基色,然后根据基色调整出柔和的渐变色

这种配色方案包括同色系单色配色、同类色配色、类似色配色、邻近色配色、中差色配色、对比色配色、互补色配色等,如图 2.68 所示。辅助色在整体的画面中能平衡主体色的冲击效果或减轻它使观看者产生的视觉疲劳度,能起到一定的视觉分散效果。

(四) 辅助色的应用

通常情况下,设计师在配色的时候会选择三色搭配原则。主色调会占整体色彩的 75%,辅助色占 20%,点睛色占 5%。这是大部分设计师常用的色彩公式。主色调是决定画面风格趋向的色彩或色彩群。主色调可以是某一种颜色,还可以是某一组相同或相近的 1 到 3 种能够保持协调的色调。辅助色用于辅助主色调,让画面显得更加丰富和突出。辅助色也并非只能有一种颜色,也可以是多种色调

基色

同色系单色配色   同类色配色   类似色配色   邻近色配色

中差色配色   对比色配色   互补色配色

图 2.68　在 HSB 中确定基色,然后根据基色调整出柔和的渐变色

组合的辅助颜色。点睛色也属于辅助色,但它要比辅助色所占的比例更小,起到的是引导阅读、装饰画面、营造独特氛围的作用。点睛色通常也可以有 1 到 3 种,但是一定要以某一种为主。

八、色彩性格及运用

(一) 色彩性格

"江南好,风景旧曾谙。日出江花红胜火,春来江水绿如蓝。能不忆江南?"这样形象的比喻、美丽的颜色,把江南的春天渲染得多姿多彩、生机勃勃。由此可见,色彩能唤起人们的情感,能描述人们的思想。那么我们来看看色彩所表现出的性格特点。

(1)红色:太阳、火焰、热血等;温暖、兴奋、活泼、热情、积极、幸福等向上的倾向;原始、暴力、危险的象征。红色是我国传统的喜庆色彩,红色明度低,是庄严、稳重而又热情的色彩。含白的高明度粉红色有柔美、甜蜜、梦幻、愉快、幸福、温雅的感觉,几乎成为女性的专用色彩。

标志应用行业:金融、服装、电力、传统文化、百货、石油化工等。

(2)黄色:有光明、辉煌、轻快、纯净、快乐、希望、智慧和明朗的个性,能引起富有酸性的食欲感。在相当长的历史时期,帝王和宗教均将明亮的黄色用于服饰,所以黄色又给人崇高、智慧、神秘、华贵、威严和仁慈的感觉。

负面联想:黄色轻薄、软弱、病态、不稳定、冷淡。

淡黄色让人感觉平和温柔,米黄色是很好的休闲自然色,深黄色有一种高贵庄严感。

标志应用行业:食品、艺术、服饰等。

(3)绿色:象征生命、青春、和平、安详、新鲜、健康、安全等,是农业、林业、畜牧业的象征。黄绿色、嫩绿色、淡绿色象征着稚嫩、生长、青春与旺盛的生命力。艳绿色、浓绿色象征着茂盛、健壮与成熟,有着稳重、沉着、睿智等含义。灰绿色、土绿色、褐绿色给人以成熟、老练、深沉的感觉,是人们广泛选用的颜色。

应用行业:电子、医药、商业、儿童、颜料、林业、运输、制造业、环保等。

(4)蓝色:象征深远、永恒、沉静、理智、诚实、寒冷、严谨。蓝色是现代科学的象征色,它给人以冷静、沉思、智慧和征服自然的感觉。蓝色与白色不仅能引起食欲,而且能表示寒冷,成为冷冻食品的标志色。另外,蓝色也代表忧郁与悲哀。浅蓝色系明朗而富有青春朝气,深蓝色系沉着稳定。

标志应用行业:电子、化工、医药、体育、科技、重工业等。

(5)紫色:神秘,让人印象深刻,给人以高贵、优越、优雅之感。深紫色给人以消极、流动、不安、伤痛、疾病、不祥之感。在商业设计用色中,紫色也受到限制,除了和女性有关的商品或企业形象之外,其他类的设计不常采用紫色为主色。

标志应用行业:服装、化妆品、装饰、饮品等。

我们将色彩按红、黄、绿、蓝、红依次过渡渐变,就可以得到一个色彩环,从这个色彩环可以看出色彩的冷暖感觉。

暖色调:有膨胀感,多代表热情、活泼、轻快。

冷色调:有收缩感,多代表深沉、庄重、文静。

调和色:由同一种色调变化出来的颜色,如墨绿色与浅绿色、深红色与浅红色、咖啡色与米色等,配色柔和淡雅,给人温和协调的感觉。

对比色:给人以强烈、鲜丽、跳跃的感觉,如红与绿、蓝与橙、黄与紫。

(二) 色彩的运用

标志的色彩是与图形形态紧密相连的,它具有强烈的表现力,传达力度往往强于形象,具有先声夺人之势。色彩设计过程中应充分考虑到企业或组织本体的性格、性质内容、商品等相关信息,如:电器、摄影器材等都用冷色(如蓝色、绿色、蓝绿色等)表现冷静,可以体现出科学的严密性和产品可靠、稳定的性能;食品类等多用新鲜明朗的色彩,体现新鲜食品的味觉感受。标志的色彩设计一般是在创意和黑白图形都已经定稿后进行的,且采用一个单色,以一种色为主,也可以根据标志使用的范围和条件来使用多种颜色,一般不超过三种颜色。

(1)单套色。单套色的标志色彩的视觉效果单纯、醒目、朴素、容易记忆。常用的单套色为红色、蓝色、绿色、紫色等色相较为单纯鲜明的色彩。黑色、灰色看起来比较灰暗,除特殊情况外,一般不宜单独使用;黄色、粉色等虽然艳丽鲜亮,但明度较高,应用在白底色上不凸显,也不宜单独使用。单套色的标志在各行各业都运用得很多,特别是在电信、通信等行业。

(2)两套色。两套色的标志较为常见,既单纯,又可以显出丰富的效果。在色彩的搭配上,两套色往往以红与黄、红与蓝、红与绿、红与黑、红与灰、红与紫搭配。蓝与黄、蓝与绿、蓝与黑、蓝与橙、蓝与灰、蓝与紫的搭配,绿与黑、绿与橙、绿与灰、绿与紫的搭配,黄与黑、黄与紫的搭配常见。在色彩的明度上,可以用一深一浅来进行搭配;在色彩的色相上,既可用对比色,也可用同类色或邻近色来进行搭配,以获得强烈的或和谐的视觉效果。

(3)三套色。三套色的标志的色彩搭配相比两套色的标志的色彩搭配视觉效果更丰富。

(4)四套色。四套色的标志的色彩搭配可以在三套色的基础上加一种与之匹配的色彩。

(5)五套色。五套色的标志一般用于体育活动、节日庆典、儿童用品等。就五种左右的色彩搭配而言,红、黄、蓝、绿、黑最多见,如奥林匹克五环标志、中国申奥标志等。

设计师在设计品牌标志时,关于色彩的选用,应注意以下几点。首先,设计师应明确企业经营的主要方向、理念及标志的含义和色彩的独特代表性,使企业的形象比较统一。其次,设计师要了解品牌的受众人群,使标志的色彩易于被受众接受。最后,设计师应注重色彩的搭配与对比等,使标志能更精准地表达出品牌含义。

第四节　辅助图形设计

一、概念

辅助图形是对品牌标志图形的变化和丰富,能够配合品牌形象的各种视觉基本要素在各类媒体上广泛应用,起到衬托和强化品牌形象、展现企业精神内涵的作用。辅助图形的丰富造型补充由品牌标志构建的品牌形象,使其意义更加完整,更容易识别,更具表现的幅度和深度。

辅助图形

二、功能和设计注意事项

(一) 功能

辅助图形可以配合品牌标志、品牌标准字、品牌标准色等基本视觉设计要素,使用广泛灵活,具有不可忽略的功能作用。

1. 强化品牌形象的诉求力

作为一种起辅助与补充作用的设计要素,辅助图形能够以其丰富多样、灵活运用的造型符号,补充品牌标志、标准字等,有效地增强企业形象的诉求力,使其内涵与表现趋于完整、更易于识别。

2. 扩展设计要素的适应性

利用辅助图形作为设计的辅助要素,有利于设计的扩展与变化,增加基本视觉设计要素使用时的适应性与灵活性,有助于设计表现的幅度与深度的扩展。

3. 增强画面的视觉律动感

辅助图形和基础设计要素组合变化,能延伸出富有趣味性的律动感,强化画面的视觉冲击力,产生良好的诱导效果,增加审美情趣和亲切感。

(二) 设计注意事项

辅助图形也不是万能的,需要在设计过程中思考以下三点。

第一,不是所有的品牌形象识别系统都能开发出理想的辅助图形。有的品牌标志、标准字设计已具备了很好的画面效果,此时辅助图形就失去了积极的意义。在这种情况下,使用标准色丰富视觉形象更为理想。

第二,一般而言,品牌标志、标准字在后面会讲到的应用系统设计表现时都采用完整的形式出现,不容许其图形重叠以确保清晰度。辅助图形的应用效果应该是明确的,也就是说,不是所有应用场景的画面都会出现辅助图形。

第三,辅助图形的设计是为了适应各种品牌宣传媒体的需求。然而,应用系统设计项目种类繁多,形式千差万别,画面大小变化无常,这就要求辅助图形是一个富有弹性的图形符号,能随着媒介物的不同或者版面面积的变化进行适度的调整和变化,而不是一成不变的、定型的辅助图案。

了解了辅助图形的功能和需要注意的事项后,我们能够看到辅助图形对品牌视觉形象的塑造有积极作用,但要视情况而定,不是所有企业形象视觉识别系统都需要辅助图形。

三、设计方法

辅助图形的设计表现富有弹性,一般采用圆点、直线、方块、三角、条纹、星形、色面等单纯造型作为单位基本型,然后根据设计主题需要进行多种排列组合变化,具有广阔的表现空间,也具有强烈的识别性。具体设计方法有以下几种。

(一)由标志直接演变的辅助图形

与标志有着明显的"血缘关系"的辅助图形是以企业标志图形的某些要素衍生变化而产生的。设计师可以在标志的基础上进行造型的翻转、变换、提取、重复或者以标志的曲线形状作为分割线形成辅助图形,也可以直接将标志色彩淡化并放大作为辅助图形使用等。这样的辅助图形一方面可以保留标志的风格,使标志的系统性更强;另一方面可以与标志呼应,起到强化、延续标志的作用。例如,美国塔吉特百货公司是仅次于沃尔玛的美国第二大百货零售集团,一直致力于为客户提供时尚前沿的零售服务。它的辅助图形直接截取了标准标志的不同位置形态进行重新排列组合,品牌标志的标准色也延伸到辅助图形中,热烈而又沉稳地彰显出美国第二大百货零售商的实力和热情,如图2.69所示。

图 2.69　美国塔吉特百货公司辅助图形设计

（二）对标志进行语义解释的辅助图形

对标志进行语义解释有帮助表达标志含义或触发消费者联想的作用。旨在触发消费者联想的辅助图形设计，可以从对标志设计含义的形化诠释或者联想启发的角度来思考，以此作为造型设计的切入点。辅助图形造型与标志不一定有直接关系，但是要能够帮助标志表达其含义或触发消费者联想。这种辅助图形可以是具象的，也可以将具象与抽象结合。

例如，瑞典手工业协会视觉形象设计中的辅助图形，从手工制作的特点出发，将辅助图形设计融入制作的工具和环境等造型元素，使观者产生回归自然、重返原始的感觉，如图 2.70 和图 2.71 所示。

图 2.70　瑞典手工业协会视觉形象设计中的辅助图形应用 1

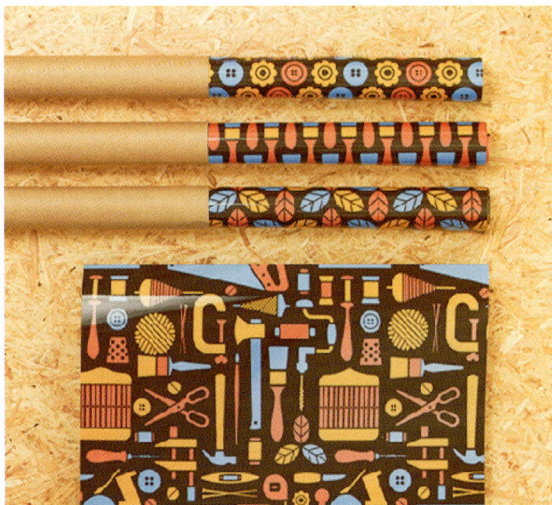

图 2.71　瑞典手工业协会视觉形象设计中的辅助图形应用 2

又如，印度尼西亚鹰航空公司的辅助图形由标志的图形联想到飞鸟的翅膀，进而转化为辅助图形的视觉形象，展示了印度尼西亚的海岛风光，像温暖的海风，舒适优雅，兼有热带的风情，如图 2.72 所示。

（三）对企业形象进行联想

辅助图形可以脱离标志的基本形态，使用与企业的理念或产品特质相符的插画。例如，英国体操是一个非营利性的体操项目管理组织，2012 年 6 月，英国体操推出了全新的视觉标志，新标志通过捕

图 2.72　印度尼西亚鹰航空公司的辅助图形设计

捉运动员的各种运动过程,通过技术处理将这些运动轨迹制作成色彩斑斓的飘带,如图 2.73 和图 2.74 所示。

图 2.73　英国体操标志

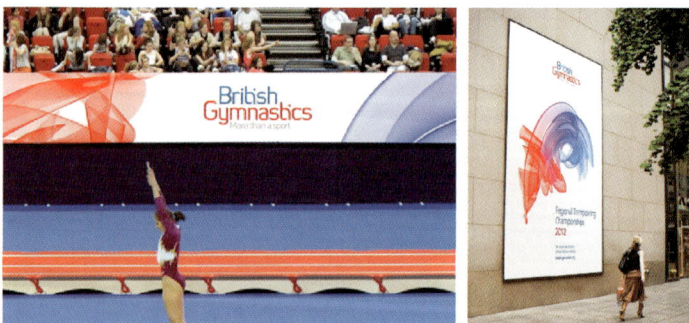

图 2.74　英国体操辅助图形设计及应用

　　又如,2008 年北京奥运会的圆形云纹辅助图形与北京奥运会的会徽没有任何外形上的相似之处,但是奥运会会徽来源于中国传统的篆书文字,圆形的云纹来源于我国汉代服饰上的纹样,两者都蕴含中国传统文化的深厚底蕴,所以虽然外形没有相似之处,却相辅相成、浑然一体,如图 2.75 所示。

　　作为辅助图形设计的关键要素之一,造型对标志设计的补充、丰富、强化和拓展起到非常重要的作用。辅助图形的造型设计可以采用不同的方式,这取决于企业形象设计要传递的信息以及标志设计未能完全传达出的含义。VI 设计中辅助图形的设计可以从这些方面入手,确定合适的辅助图形造

图 2.75　2008 年北京奥运会的圆形云纹辅助图形

型设计方法。

　　无论是提取标志中某一核心元素的构成样式，还是重新提炼、变化几何造型为辅助视觉图形，辅助图形的意义和作为符号的独立性都不能超过标志。辅助图形不应该只是一种纯粹的装饰符号，而应当具有一定的意念内涵，以丰富整个基本设计要素的文化底蕴与美学价值。辅助图形的设计需要费一番思考，反复斟酌，不能随便了事。因此，设计师在设计中要从适用的角度出发，考虑实际使用过程中出现的问题。由于辅助图形是设计基本要素的辅助性要素，设计师不能将其孤立、单独审视，一定要在与基本要素的组合搭配中来确定它是否合适。

第五节　吉祥物设计

一、吉祥物设计规则

（一）把握好吉祥物的主体定位

　　设计师应根据企业行业属性、经营理念、企业文化、产品特质来设定吉祥物的主体形象（也就是核心形象），在此基础上增加代表企业和产品特质的装备元素，如图 2.76 所示。

（二）注意吉祥物的形象创意

　　创意元素来源于企业文化、行业特征、背景关系、区域特点、宗教、传说等，将这些重新有机组合才会让主体形象更加丰满。所以，创意的核心是元素组合和象征联想。吉祥物设计必须摆脱思维定式束缚。吉祥物设计讲究对具象造型元素的高度提炼，忽视直观写实形象，注重传达精髓理念，如图 2.77 所示。

吉祥物创意
设计规则

（三）吉祥物的设计要具有亲和力

　　从消费心理角度来说，亲和力等同第一服务印象。企业的受众对吉祥物产生兴趣，进一步感知企

图 2.76　上海世博会吉祥物"海宝"

业产品服务特质,才能产生强烈的感性认同,如图 2.78 所示。

(四)企业吉祥物的设计要具有差异化

吉祥物是视觉强烈的拟人化形象。只有具有与众不同的视觉形象,才能被消费者记住。市场发展从早期"酒香不怕巷子深"的质量时代开始,经历了"同质竞争比卖相"的包装时代,进入了"品牌形象塑造"的时代,以后还会变革进步。但是,我们可以清晰地看出,形象差异化是识别企业和产品的有效手段,如图 2.79 所示。

(五)企业吉祥物的动态化应用

吉祥物造型从静态转向动态,才能很好地应用在企业品牌传播、主题营销活动中。吉祥物角色需要多元化,在承载企业核心理念的同时,更要在不同产品服务的宣传主题氛围中得到消费者的认同。

(六)给企业吉祥物命名

给吉祥物取名时要使名字朗朗上口、易于记忆且能传达出吉祥物阳光强壮、智慧酷帅或憨厚可爱的形象,原则是名字、形体、意识三项统一,如图 2.80 所示。

阿祥阿和阿如阿意乐羊羊 **2010**

The 2010 Guangzhou Asian Games 2010年广州亚运会

陈小清　创作者
来自广州美术学院

"五羊街谷"的传说　原型物
五位仙人分别骑着口衔稻穗的仙羊降临广州

在亚洲许多国家的传统文化中，"羊"也是吉祥之物，能给人带来幸运。广州亚运会吉祥物取"羊"的创意，为亚洲不同文化、不同宗教的人们所接受和喜爱。

图 2.77　广州亚运会吉祥物"祥和如意乐洋洋"组合

冰墩墩
Bing Dwen Dwen

图 2.78　2022 年北京冬季奥运会吉祥物"冰墩墩"

图 2.79　海尔集团的吉祥物"海尔兄弟"

图 2.80　麦当劳的吉祥物"麦当劳叔叔"

二、吉祥物设计思路

吉祥物设计是 VI 设计当中的重要一环,它以幽默、夸张和拟人化的手法,使企业的形象更具亲和力。那么,企业吉祥物一般是怎么设计出来的? 有哪些设计思路值得借鉴呢?

首先,以与企业相关的历史传说或地方特色为设计切入点,从中选择富有特征的角色进行吉祥物的形象塑造。用这一手法设计出的吉祥物往往使人们眷恋历史、产生怀旧情绪,从而产生对企业的信任感。

其次,从企业生产或产品选用的原材料中选取设计元素,展开设计。用这一手法设计出的吉祥物往往非常直观,具有亲和力。

最后,从与企业精神相关联的事物中选取题材,展开设计。采用这种手法设计出的吉祥物往往与企业精神具有某种内在关联性。

在企业吉祥物设计过程中,地区差异、宗教信仰和风俗习惯可能对设计的成败产生直接影响。因此,在设计企业吉祥物时,设计师要充分考虑这一因素;特别是在为国际品牌设计吉祥物时,设计师更不能随心所欲,应避其所忌,以免日后造成不必要的困扰。我们只有找到跨越民族、文化的人类共同之处的符号表达,才能塑造国际化的吉祥物。

常见的吉祥物有寿星、鹤、鹿(用于中药店)、熊猫(用于儿童商店)、麒麟(日本麒麟汽水)等。吉祥物的选择,要考虑民族的传统习俗,不要采用有悖于人们审美心理的事物。例如,猫头鹰在欧洲是智慧的象征,故慕尼黑国际书籍展览以它为吉祥物;在中国,人们曾长期把猫头鹰看作不祥之物,素有"夜猫子进宅没有好事儿"的说法。选择设定吉祥物,除了吉祥的含义以外,最好还要同企业的性质、名称含义等方面巧妙地联系起来。

第六节　基本视觉要素的组合设计与规范

视觉识别系统中的要素在具体运用时会大范围、高频度地出现，而且需要根据实际的环境进行相应的组合或取舍。这项工作也是基本设计系统中应该预设的内容，可以在后续的应用中保证视觉识别系统的规范性、统一性、高效性。

基本视觉要素的
组合设计与规范

一、组合规范的原则

（一）满足核心元素因循的设计理念

在 VI 设计中，预先设定的设计理念应是始终不变的意识标杆，通过标准标志将其进行视觉阐释后，可以确定许多形式和心理坐标，在后续的设计中应该严格遵循。组合规范是将基本的视觉元素进行运用的展示架构，更需要在其中载入不可偏移的专有理念。

（二）挖掘核心元素设计形式的特点

核心元素在视觉外观上充分展现了企业性质、个性特征、文化追求的特有样式。在进行基本视觉要素组合规范的设定之前，设计师要进一步厘清和界定这些核心元素的形式特点，从而为组合规范定调，使其能够切实反映核心要素所承担的视觉外在和内涵，并在组合之后能够进一步展现和延伸。

（三）创造独特的构成样式

在组合规范的设计中，设计师要保持着延伸设计的观念，通过创建元素组合优化视觉形式，将企业标志、字体、色彩、品牌名称进行凸显和视觉强化，从而进一步增强企业形象的视觉冲击力，在应用中进一步渗透企业理念和精神特质。

二、组合规范的样式

（一）基本样式

基本样式是指在组合上必须拥有的内容所呈现的样式，如表 2.3 所示。

表 2.3　组合规范的基本样式

序号	组合内容	排列方式
1	标志置左、文字置右式	
2	标志置右、文字置左式	
3	标志置上、文字置下式	标志居中、居左、居右式
4	标志置下、文字置上式	标志居中、居左、居右式

上述样式需要根据实际情况,尤其需要根据标志造型和字体的样式来判断是否能够全部执行。例如,一些标志因造型独特不适合置左或置右,就不必采用某些基本样式。

(二)独特样式

在组合规范的设计中,设计表现的空间在于创造独特的组合样式。在满足基本应用需求的前提下,设计师根据标志造型的独特样式和结构特征进行符合设计理念的组合关系的突破,形成特别的组合样式,借此展现企业独有的风范和视觉形式取向。

(三)比例和尺度

在组合关系的处理中,设计的重点首先在于对组合关系的创建,其次在于对组合关系中微妙的细节表达的把握。合适的比例和良好的尺度成为组合规范要事先建立、斟酌推敲的根本追求,如图 2.81 至图 2.83 所示。

ACTION ELECTRONICS CO.,LTD
爱科电子有限责任公司

$9n$　$2n$　n

图 2.81　标志与字体之间的空间尺度以字体自身的笔画粗细作为参照

JIUZHOU ZHIYAO
九州制药有限责任公司

n　n

图 2.82　标志与字体之间的空间尺度以标志的竖笔画粗细作为参照

在组合规范中,标志和字体间距、大小比例可以通过元素自身的尺度来界定,也可以借助优秀的比例关系来约束。在具体的应用中,设计师要具备一定的审美基础和设计经验才能自如地应对这些细节的处理。

企业形象基本要素在使用过程中会出现组合搭配使用的情况,形成群体化的展现效果,使视觉冲

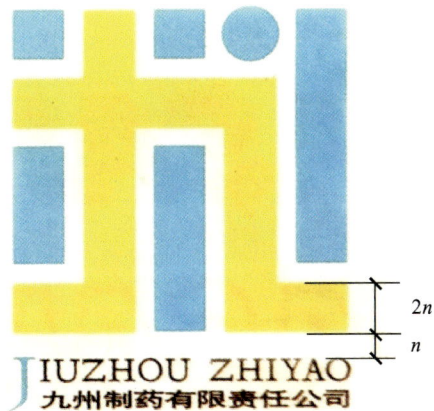

图 2.83　标志与字体之间的空间尺度以标志的横笔画粗细作为参照

击力增强。在组合使用过程中,不仅要展现组合的美感,还应顾及使用规范,因此对各种组合都应做出合理的、严谨的规定,使其在实际应用操作中保持视觉效果的统一与完整,如图 2.84 所示。

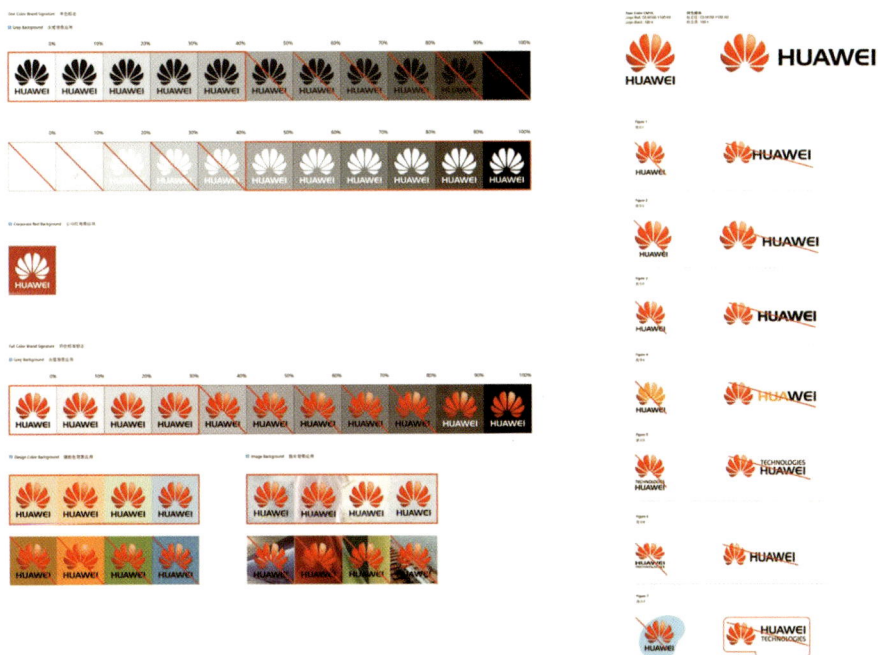

图 2.84　华为企业视觉形象基本要素组合规范

　　基本要素的组合包括标志、标准字、标准色、辅助图形等元素的组合。常见的排列组合包括横排、竖排两种形式,包括标志与企业中文全称和简称组合、标志与企业英文全称和简称组合、标志与企业中英文全称和简称组合、标志与辅助图形搭配组合、标志与吉祥物组合等多样组合形式,如图 2.85 所示。

　　基本要素组合形式确定后需对各种组合制定规范,制作方法与标志标准制图的方法基本相同,用精准的数字标示出组合事项中的各种距离、比例关系,规范不可侵犯距离、空间距离关系等,确保在使用环境中的应用形式规范要求达到高度一致,避免让受众在识别中产生错误理解。

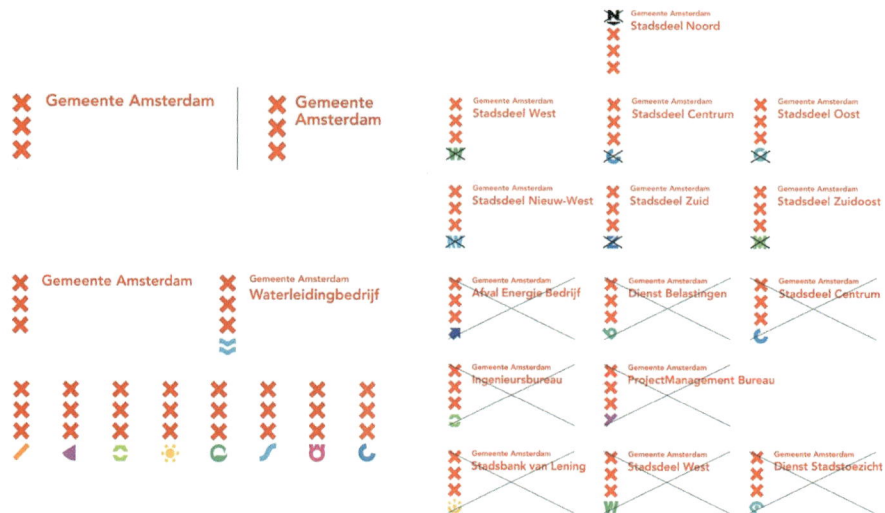

图 2.85 阿姆斯特丹城市形象基本要素组合规范

思考与练习

1. 请选择 10 个优秀企业(或品牌),针对其标志设计理念与造型表现进行研究分析。

2. 简述企业(或品牌)标准字的设计方法及原则。

3. 请说明色彩与行业属性的关系。

Qiye Shijue Xingxiang Xitong Sheji

第三章

企业视觉形象系统应用部分

企业视觉形象

系统应用部分

第一节　办公事务系统

一、功能

办公事务用品是企业对外传达信息的重要途径之一,其品质直接影响企业形象的建立。办公事务用品具有对外传达信息的功能,是企业对外信息交流的主要渠道,对企业视觉形象的传递有着效率高、扩散面大、速度快、多次反复的特征。它的制作应充分体现企业形象的统一性和设计的规范化,在使用过程中能够培养和强化企业员工的自信心、自尊心、责任感、荣誉感等,给予公众一种整体统一的企业形象,提升社会的认同度和可信度。办公事务用品包括企业对内所需的各种文件、用品、证件以及对外沟通交流所用的名片、信函等。

二、设计原则

(一)内容规范性

办公事务用品中承载的必要信息切不可单方面从美观的角度做省略或弱化的设计处理,如企业信息(企业名称、地址、电话等信息)的文字不可太小,不可排列得过分花哨,设计必须确保文字具有良好的阅读性能。另外,信封、信纸的尺寸规格必须严格按照国家统一规定的特定要求来执行,信封中邮编、邮票的位置、样式都是不可随意更改的。

(二)设计个性化

办公事务用品的设计虽然存在较为严格的限制要求,但切不可因此而进行公式化的设计。千篇一律的办公事务用品设计会最终令品牌整体形象的识别性能缺失,而风格化设计可突出、强化品牌的整体识别特点。

(三)注重材质选择

办公事务用品设计多数的实施载体是纸张,设计方案由印刷来实现。纸张结合印工上的创新发挥,有时会产生出奇制胜的效果。以名片设计为例,用于印刷名片的纸张存在多种选择,其中质感不同、风格多样的艺术纸会传递给人独特、微妙的高品质感。设计师慎重挑选适宜的纸张,同时考虑配合合适的特殊印工,可令设计方案锦上添花。所谓设计,并不简单停留于图纸阶段,制作环节的纸张及印工的选择也十分重要。

三、类别细分

如果按照类别细分,办公事务用品有传真纸、合同书、合同夹、档案盒、档案袋、文件夹、文件袋、工作证、出入证、纸杯、茶杯、杯垫、简报、办公文具、办公用品、聘书、公告、意见箱、企业徽章、公文包、通讯录、企业旗帜、吉祥物旗、旗座造型、挂旗、竖旗、桌旗、屋顶吊旗等。

办公应用
系统要素

在当代设计中,有很多设计工作室专门从事办公事务用品项目的设计,项目看似琐碎,但是办公事务用品可以体现企业的经营之道,以小见大,体现企业精神和品牌的独特性。

(一)信封的设计

国际和国内常见信封规格如图 3.1 所示。

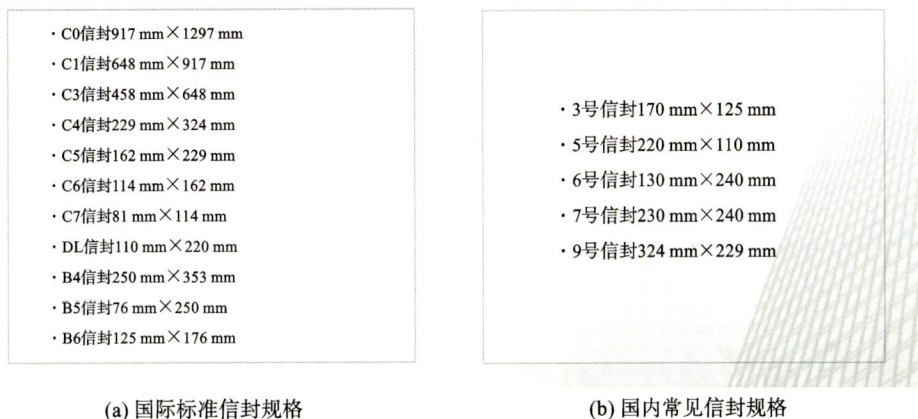

· C0信封917 mm×1297 mm
· C1信封648 mm×917 mm
· C3信封458 mm×648 mm
· C4信封229 mm×324 mm
· C5信封162 mm×229 mm
· C6信封114 mm×162 mm
· C7信封81 mm×114 mm
· DL信封110 mm×220 mm
· B4信封250 mm×353 mm
· B5信封76 mm×250 mm
· B6信封125 mm×176 mm

· 3号信封170 mm×125 mm
· 5号信封220 mm×110 mm
· 6号信封130 mm×240 mm
· 7号信封230 mm×240 mm
· 9号信封324 mm×229 mm

(a) 国际标准信封规格　　　　(b) 国内常见信封规格

图 3.1　国际和国内常见信封规格

信封的种类和规格分横式和竖式两种。其中 5 号信封是国内常用的标准信封,它能将 A4 纸对折两次后完整放入。信封设计中可运用的基本要素有企业名称、企业标志、标准字、辅助图形、企业相关信息、邮寄相关信息填写处、贴邮票处等,如图 3.2 所示。

信封设计要遵循一定的编排规范。国内一般在信封的右上角预留位置用于贴邮票,在左上角预设有边方框。需注意的是,国外航空信封的编排位置与国内相反。另外,对于有些邮政业务庞大的企业,信封的开窗设计和材质应用要谨慎。采用特殊信封的邮件一般不通过邮局递送,因此特殊信封的设计和纸张的选择应考虑企业实际用途,并与整体风格协调一致。

(二)信纸与信笺的设计

信纸的设计,在形式上基本要与信封的设计保持一致,一般采用 A4 或 A1 规格。信纸设计要规范、严谨,可运用的基本要素有企业名称、企业标志、标准字、标准色、辅助图形、企业相关信息等。

信纸在设计时要配合书信的标准格式,在适当的位置编排企业的名称、标志、地址、邮编、电话、网

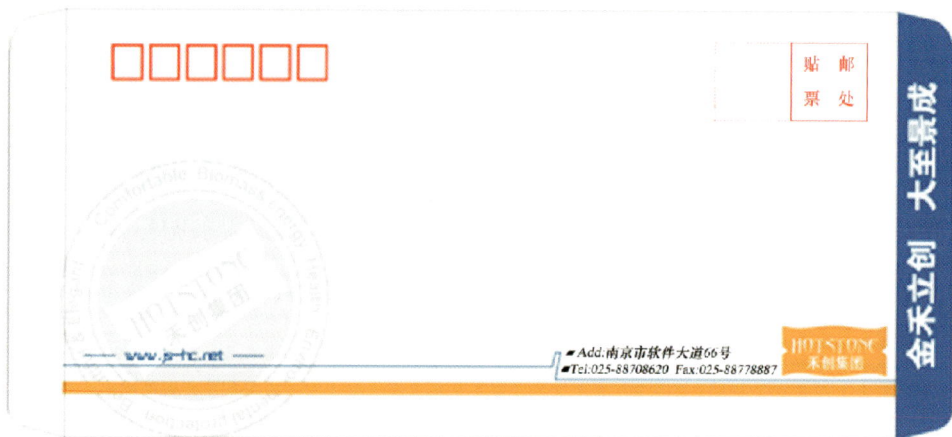

图 3.2　5 号信封设计

址等。有些企业会要求在每本信纸上加设封面。信纸的设计还要注意书写的功能区域以及人们使用电脑打印的便捷性。

便笺不属于正式文件,所以设计内容也相应自由很多,除了企业标志、企业名称必须体现之外,其他可根据需要自由安排。

需要注意的是,信纸和便笺上要留有一定的素面空间作为其功能性区域,不要因为过多的设计而使信纸和便笺失去应有的功能。在设计时要注意基础图形在办公用品上的合理运用和文字格式、色彩、空间关系、尺寸大小等相得益彰的处理,根据不同品种、用途,合理选择制作材料,并考虑设计成本,以使物品的艺术性、实用性和宣传效果有机统一,如图 3.3 所示。

图 3.3　预留素面空间作为功能性区域

(三)名片的设计

常见的名片尺寸有三种,即标准尺寸、略窄的尺寸和方版尺寸,在设计中可根据实际需要进行选择。名片是企业员工对外表明身份的媒介,虽是个人身份的标志,却也从侧面传达了相当多的企业信息,甚至可以展示整个企业的精神风貌。名片的基本内容一般包括企业的名称、标志、标准字、标准色、地址、邮编、电话、网址及人员个人信息(如名称、职务、部门、固定电话、手机号、邮箱等)。有些名片也可附加企业的经营业务、企业标语等内容。

名片根据排版方式可以分为横式名片、竖式名片和折卡名片,根据印刷范围可以分为单面名片和双面名片,根据印刷技术可以分为胶印名片、彩印名片、激光打印名片和透明 PVC 名片,根据色彩的可以分为单色名片、双色名片、彩色名片和真彩色名片四类。名片设计的空间小，但变化丰富，不同的版式、不同的印刷技术都会带来不同的视觉效果。

例如，在名片的设计中，采用传统单张卡片正背印刷的形式、90 mm×54 mm 的标准尺寸在视觉上会缺少新鲜感，可考虑设计形式的变化或增加简单的折叠、镂空、浮雕效果，甚至可以采用异型名片，强化视觉效果的层次感。在纸张选择上，放弃 300 g 铜版纸，换为特种工艺纸张，使肌理产生回归自然或时尚新潮的视觉效果，如图 3.4 所示。

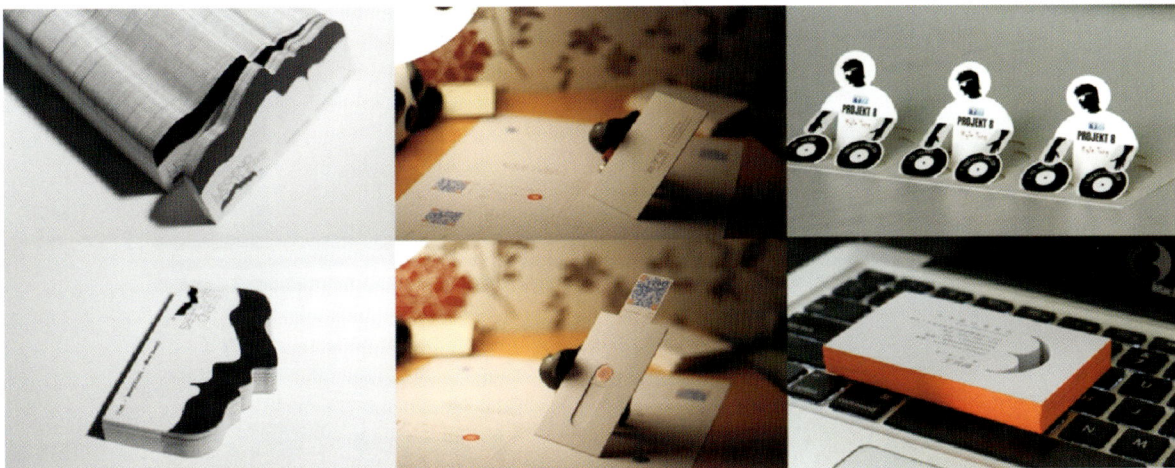

图 3.4　名片设计

办公事务用品较为繁杂，在此无法一一详细介绍。办公事务用品的设计重点在于明确突出企业的基本信息，编排与设计企业标志名称、联系方式，使受众一目了然，突出品牌标志、标准色、标准字，适当配以辅助图形，从要素编排、色彩、纸张、纸质、印刷方式等方面入手，形成一定的整体感和系列感；根据各种办公事务用品的用途、特点、适用性，分类、分系列按照一定的设计规范进行设计，以形成办公事务用品严肃、完整、精确、统一、规范的格式，展现品牌的风格，给人以整体系列化的视觉感受，使这类用品除了自身的实用功能外，还起到有效的宣传媒介作用，加强企业整体形象的可识别性。

普乐美是一家专注瓷砖胶领域的公司，它的品牌标志以墙面装修时的不同纹路为创意点进行设计，具有明显的行业特性，如图 3.5 所示。

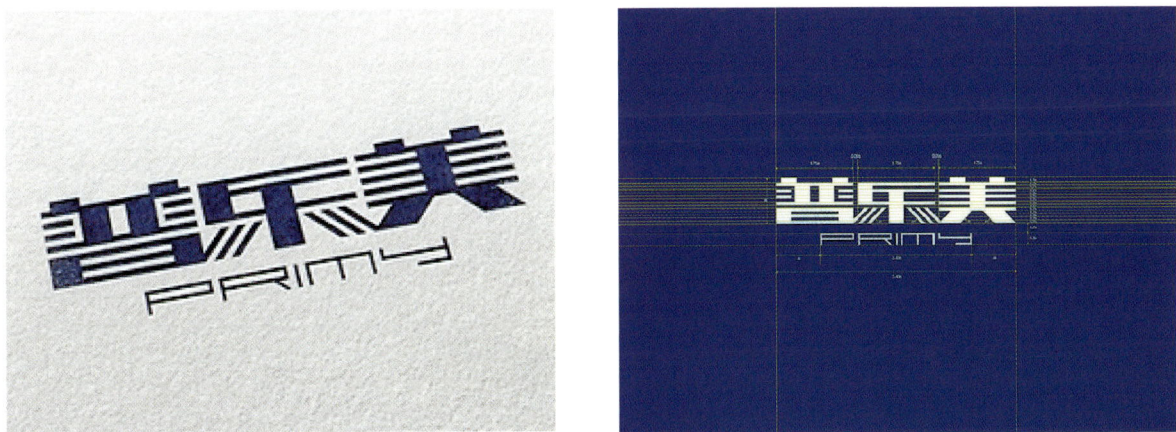

图 3.5　普乐美品牌标志

普乐美辅助图形以房子造型为主,与企业的理念和经营范围有密切关联,在色彩选择上打破了标准色的局限,采用明亮的黄色和艳丽的红色作为辅助色,与房屋街区造型结合,同时加入了标志中的条形线条,如图3.6所示。

图 3.6　普乐美辅助图形

设计师在普乐美的办公事务用品里加入了辅助图形元素,加强了画面的识别效果;在名片设计中采用接近墙面质感的纸张,纸张表面略有纹理,如图3.7所示。

图 3.7　辅助图形在办公事务用品中的应用

我们在独立设计的过程中也要学会结合不同的材质,以达到最佳设计效果。通过这个案例,我们能认识到企业形象色、辅助图形的结合运用不仅可增加视觉美感,而且会形成视觉冲击力。在办公事务用品设计上,我们应考虑增加辅助图形、标准色、辅助色的组合运用,使设计效果达到统一。标志与辅助图形、标准字的组合应尽可能在不同事物中呈现,加深视觉印象。在设计中,版式可改变,纸张可以更换,设计可以推陈出新,使整体设计效果紧跟时代,这才是企业管理者与受众最欢迎的。

第二节　包装系统

包装不仅是容纳与保护商品的工具,而且是有效的信息载体与营销手段,是传播企业品牌形象的重要途径。

一、包装的形式和种类

从包装形式看,包装设计可以分为单件设计、成套设计、组合设计、组装设计等。从包装产品的种类看,包装大致分为包装纸包装、手提袋包装、容器类(酒类、化妆品类产品)包装、包装箱包装等。另外,一些专用的包装主要用于一些特定的礼品。外包装箱(木质、纸质)、配件包装纸箱、商品系列包装、包装纸、手提袋产品吊牌是产品包装的应用明细。

包装应用

二、包装系统的构成要素

包装系统的构成要素有很多,主要包括企业署名(标志、标准字、标准色、企业造型、象征图形等)、图形(摄影图片、插图等)、文字(使用说明、质量保证等)、材质(纸、塑料、金属、布、皮等)、结构、制作工艺等。

在 VI 的规划中,设计师应该以突出企业品牌形象和体现品牌文化为前提,对包装结构、色彩、标准字、产品名称、主题图形等元素进行整合,以形成一致性。

优秀的包装设计是创造成功品牌的关键,富有创意的包装设计能使产品从众多商品中脱颖而出。包装是与市场、消费者紧密结合的社会化产物,它的社会属性在于它不仅是产品的外衣,更是企业形象、企业文化内涵的综合体现,是企业价值观的外在体现。在进行包装设计时,设计师要进行优秀民族文化的传承,让更多人了解中国的文化和民族精神。包装形态的展现要与我国悠久的历史文化和传统素材结合,如图 3.8 所示。

设计师可以从剪纸、皮影、国画、书法等艺术瑰宝中汲取精华,不断传承,应用于现代包装设计。这样一来,包装也将具有传承文化和承载历史的功能。当代大学生要从民族、民间美术文化中汲取灵

图 3.8　运用优秀民族文化的包装设计

感,从民间美术材料中挖掘、探索包装不同材料形态的表现效果,从民间艺术形态的功能出发进行设计构思;在包装设计中,要尝试运用饶富情趣、美观、有深厚的群众基础、深受大家喜爱的民间艺术形式,如利用剪纸等各种传统民间艺术形式,尝试在色彩的运用上选择民族特色鲜明的色彩搭配,从民间艺术形态的视觉表现入手将民族、民间艺术表现的造型、图案、色彩与现代包装设计巧妙地结合,凸显产品包装的个性。包装结构应多与民族、民间艺术文化结合,如图 3.9 所示。

　　自党的十八大以来,习总书记在多个场合谈到中国传统文化,并指出我们要坚持道路自信、理论自信、制度自信、文化自信。在"一带一路"的背景下,包装设计应立足当代,做到不盲目排外,也不盲目崇拜,以建立自己的文化坐标为目标,挖掘我国传统文化、民族艺术、民间艺术文化精髓,探索与包装设计相结合的表现形式,如将汉字、中国结、年画、传统纹样等元素运用于设计,使包装设计具有民族感与时代感。这种中西文化的碰撞、传统与现代的结合,会给我们的包装设计带来无限的可能。

三、包装系统设计要点

　　包装系统设计要考虑的最主要的因素就是如何体现和树立企业整体形象。设计师应将视觉识别的基本要素应用于包装,使包装材料、色彩、文字和图案等因素与企业的名称、标志、品牌、标准字、标准色、专用印刷字体等基本要素统一,使整体视觉效果与企业的整体形象一致。

图 3.9　剪纸在包装中的运用

(一) 以企业名称为主导

在包装设计上,设计师应将企业名称与地址等文字置于固定位置,用统一的背景或统一的编排予以衬托,使企业名称处于主导地位,从而取得良好的视觉效果。

(二) 以企业标准字为中心

企业标准字应当成为包装的中心,这是因为包装上一般有大量的文字说明,而消费者往往通过标准字和文字说明来辨认产品。

(三) 突出标准色

企业的标准色应该成为企业商品包装的主色调,至少应成为包装上较为突出、醒目的颜色。

(四) 标志要醒目

企业的标志或产品品牌、商标应置于包装的醒目位置,并将口号置于适当位置。如果有利于提高包装的整体视觉效果,还可以添加其他辅助因素。

(五) 系列包装的变化与统一

对于同企业的产品,企业还可以使用系列包装,仅在包装款式、结构、文字说明等方面做一些变化,而在企业标志、标准字、标准色、企业名称等方面保持同一风格,以实现系列产品的扩散效应。

第三节　广告识别系统

一、主要设计要素

企业可以根据不同的媒介采用不同的宣传方式,主要传播媒介包括印刷物、电子出版物、广播、电视、网络等。

二、应用明细

应用范围为企业广告宣传规范、电视广告标志定格、报纸广告系列版式规范(整版、半版、通栏)、杂志广告规范、海报版式规范、系列主题海报、直邮(DM)宣传页版式设计规范、三折页版式设计规范、企业宣传册封面版式规范、产品单页说明书规范、网络主页版式规范、手机短信广告、光盘封面规范、擎天柱灯箱广告规范、墙体广告、楼顶灯箱广告等。

三、大众媒体广告识别系统

大众媒体广告 LOGO 设计一方面可以深化企业形象,提升企业影响力;另一方面可以通过企业视觉形象识别系统基本要素及其他权威性标志的设计展示,为产品品牌提供强有力的背书,减少产品品牌入市的障碍。大众媒体广告主要包括电视广告、报纸广告、杂志广告、广播广告、网络广告等主流媒体的广告。

广告识别系统 1

大众媒体广告设计包括企业品牌广告设计和产品品牌广告设计两种类型。由于企业品牌广告设计多围绕企业组织的经营理念、业务组合、技术水平、产品品质、行业地位、经营业绩及发展前景等展开,其广告设计主题较为稳定,因此,企业品牌广告设计表现得很单纯(有标志、辅助图形、吉祥物等基本要素),或者简单至极(只有标志和基本口号)。产品品牌广告设计是指隐藏企业品牌而单纯显现产品品牌的广告设计,其设计内容包括独立或者半独立的产品品牌标志、辅助图形、吉祥物等。

四、小众媒体广告识别系统

小众媒体广告包括销售点广告、直邮广告、交通广告、黄页广告、产品陈列广告和户外广告等。小众媒体广告有着独特的宣传价值,与卖场或者生活场直接连接,更精准地面向目标消费者,在终端处提高产品露出度、影响顾客选购,使用方式灵活多样、投放成本较低。小众媒体广告设计可以与终端陈列、大众媒体广告一起形成强有力的广告识别性,提升企业形象。

一个以大卖场和超市为主要终端的日用消费品品牌的小众媒体组合必须丰富终端物料类型,形成相对独立的终端物料设计系统。设计师可以视品牌管理和传播的实际需求,针对特定品牌有选择地加强内刊设计,使之不仅能够传扬品牌文化,更可以通过有意识的识别设计(如为其规划独特的刊名、设定鲜明的主题和版式风格、设计专用标志等)形成品牌识别的有机组成部分,推进企业内部和外界对品牌的价值认同,提升品牌文化归属感,如图 3.10 所示。

图 3.10　《万科周刊》封面设计

依照户外广告载体的不同,户外广告可以划分为车体广告、候车亭广告、灯箱广告、旗帜广告、条幅广告、广告伞、店头广告、楼体广告、护栏广告、路牌广告、大型立柱广告等。

在进行户外广告设计时,受户外广告载体的限制,户外广告较少关注产品信息,多倾向于建立品牌形象;由于目标受众的游离性和接收环境的复杂性,户外广告设计要素力求简洁,设计语言讲求简练。与此相适应,户外广告设计也趋于简洁设计,设计要素包括标志、标准字、典型图像、辅助图形、吉祥物等基本识别要素中的一个或几个即可,如图 3.11 所示。

图 3.11　麦当劳户外广告

五、新兴媒体广告识别系统

技术创新为人们提供了新的方向,可以构建新的不同寻常的全球性社区。移动技术和宽带使世界更小了,用户群的出现使消费者有了前所未有的力量。自媒体使人们只要有自信,就可以把自己做成品牌来展示个性、传播看法。软件工程师们在发明新的技术,而市场推广者和设计师们也抓住这些新技术来突出自己的品牌,在竞争中胜出。品牌设计在新的媒介上进行种种创新尝试,更生动地传播品牌形象。新媒体几乎涉及人们的生活和工作的所有环节,其形式众多,有手机媒体、数字电视、移动电视、宽带电视、IPTV、动画、网络游戏、博客、户外新媒体等。随着新技术的创新应用和广告人的创意开发,新媒体产品形式还将不断发展。

广告识别
系统 2

在当前新媒体大潮之下,我国一些优秀老字号正在积极变革、发展,摆脱陈旧固有形象,积极迎合年轻消费者,成功实现了转型升级。老字号具备深厚的历史感、文化情怀,借助新媒体传播的实时性、互动性与有效性优势,有着巨大的商业潜能。在新媒体环境中,老字号广告的设计应当遵循传承与创新并重的原则,传承是对老字号历史文化的尊重,创新也要遵循不损害老字号品牌价值的原则。

(1)要承袭固有元素,挖掘品牌文化。

老字号品牌有固有的视觉元素,如图形标志、文字标志、包装、招贴、店面形象等。在创新的过程中,设计师应注意对视觉元素的提炼和延续,否则会造成新的品牌形象与老品牌形象截然不同,造成人们辨识困难,使老品牌丧失文化核心竞争力。所以说,固有的视觉元素是老品牌创新设计的重要基础和依据。老字号的文化体系就像房屋的骨架,支撑整座房屋的结构体,因此应在合理范围内"添砖加瓦",可以改变装饰风格,但必须遵循骨架的基础。老品牌的深层文化内涵是品牌体系中更核心、更深层的竞争力。广告形式与新媒体的创新结合,要对老字号原本的文化理念、品牌渊源、地域文化特色等深层文化特质进行深度挖掘,使作品面貌既保证老字号品牌可辨识,又提炼、展现深厚的文化内涵,然后将这些有寓意、有历史的图形、色彩结合现代设计手段进行表现和创新,使老字号焕发出新的活力。

创立于 1931 年的老字号百雀羚,在近些年的广告创新中,挖掘并延续了自身品牌"自然、东方美"的品牌文化价值。百雀羚的"三生花"系列护肤品广告以清新自然为基调,使用现代插画的手法呈现三个穿旗袍的民国年轻女性形象,在画面中将品牌的历史感、东方女性美的文化价值元素呈现得淋漓尽致,如图 3.12 所示。插画的表现手法也非常符合当代审美。整个视觉形象优雅、清新,浪漫、感性,给观众以独特的视觉体验。护肤品包装也采用白色瓷质感瓶体、淳朴仿木瓶盖。广告与包装风格统一,共同彰显品牌的东方传统韵味。

(2)要借力新媒体,重塑品牌价值。

设计师充分利用新媒体传播的特点去改变设计手段,借助互联网传播的传播行为交互性、视觉表现动态化、传播载体多元化等优势,帮助老字号品牌广告传播不断推陈出新。交互性是新媒体最大的特点。不同于传统媒体的信息单向传播,新媒体传播是具有双向交互性的传播方式。

图 3.12　百雀羚的"三生花"系列护肤品广告

百雀羚品牌借助新媒体互动性强、趣味性强、体验感强等特点,在品牌形象、产品包装、平面广告、影视广告等多方面进行创新,运用社交网络媒体、手机端超长广告等多元丰富的广告传播策略,得到了年轻一代的追捧和喜爱。

百雀羚的手机端超长广告《一九三一》,是基于手机端的竖版长图广告,非常符合手机端阅读的习惯,采用了跌宕起伏的长图叙事和巧妙谐趣的符号编排,凸显出新媒体传播中的视觉传播特点。故事以一个时髦的旗袍女郎为主角,背景穿插老上海风貌和历史事件,直到故事结尾,女郎手枪里射出的子弹杀死了"时间",从而引出百雀羚"与时间作对"的主题,如图 3.13 所示。《一九三一》与众不同的信息呈现方式引人入胜,在网络社交媒体迅速传播,成了老字号借由新媒体广告方式传播的代表性案例。

图 3.13　百雀羚手机端超长广告《一九三一》

新媒体广告的形式在原先传统、静态化视觉表现基础上,加入声音、动画、视频等丰富的动态元素。广告开始由平面、静态的转向多维度、动态的,大大增加了广告的直观性和感染力。

例如,百雀羚的一系列视频广告,童年怀旧的穿越大片《韩梅梅快跑》、天猫旗舰店打折广告《俗话说得好》等系列广告,一方面利用互联网传播,另一方面从年轻人的视角出发,深入了解当代年轻人的生活态度和诉求,借由数字化媒介的广告传播方式使百雀羚品牌在众多老字号品牌中脱颖而出,如图3.14 和图 3.15 所示。

图 3.14　百雀羚视频广告《韩梅梅快跑》

图 3.15　百雀羚视频广告《俗话说得好》

数字技术的发展，为新媒体广告提供了大量全新的媒介平台和传播手段，为信息的传播带来了更多可能性。有悠久历史的故宫博物院（简称故宫），也算得上是一个"老字号"了。近些年，故宫博物院借由新媒体的多元传播方式，在线下利用藏品开发文创衍生品，在线上利用多元媒介整合宣传，创造了巨大的经济价值。

例如，《雍正：感觉自己萌萌哒》《朕有个好爸爸》《都是倔强的男子》等一系列颠覆传统形象的帖子以动态图为主，辅以生动的故事文案。帝王一改正襟危坐的形象，比起了剪刀手，极尽可爱萌态，并配合轻松活泼的文字说明"有时候，朕只想安安静静地做个美男子"，在帖子的后半部分引出故宫文创产品的介绍和购买链接。这样的广告形式，既符合网络传播的机制，又符合受众心理需求，信息传播的有效性自然大大提升。

不仅如此，故宫还开创了跨界合作的先河。故宫善于寻找跨界品牌之间的联系，打破刻板印象，跨界合作创新。与奥利奥合作的视频广告用定格拍摄的手法，用许多块奥利奥饼干搭建、复刻故宫，将石狮、日晷、月亮的阴晴圆缺都表现得细致入微，如图 3.16 所示。

除此以外，故宫还通过开发表情包和推出纪录片、综艺节目、APP 应用等多种手段，使用多元媒介合力打造、多向发展，使自身焕发出勃勃生机。

图 3.16　故宫与奥利奥品牌跨界联名

第四节　旗帜应用

一、主要设计要素

旗帜的设计要素包括企业标志、企业名称略称、企业标准字与企业色、企业吉祥物、广告语、品牌名称、商标、图形、材质等。设计要求醒目、简洁。因为室外用旗帜处于飘动状态，所以细节不宜太多，但要时刻考虑突出企业标志与色彩，还要注意旗帜与背景、环境的适应关系。

旗帜的视觉识别设计

另外，旗帜的种类、样式非常多，在设计时应考虑不同样式的排列变化，以适合企业特点。

二、设计要求

旗帜是很好的营造气氛的空间形象传播媒体，在具体的设计中首先要考虑尺寸、悬挂方式，形象信息的选择需要根据旗帜的性质来确定。旗帜的性质决定了旗帜的作用，设计元素的选用必须保证不同性质的旗帜能够各司其职：司旗、桌旗为形象旗，形象信息应界定在标准标志、标准字、标准色这些核心元素中;竖旗、吊旗均为广告旗,除了保证企业形象基本信息准确传递外,传递特定的广告信息是其立旗的主旨。旗帜的设计展示效果如图 3.17 所示。

图 3.17　旗帜的设计展示效果

旗帜一般都是有规格的,在设计时要先确认规格再行设计。如果需要采用特殊规格,设计师要事先与供货商或发布者进行确认,避免设计方案无法实施。

三、旗帜的种类

旗帜包括企业门前飘扬的司旗、办公桌上的桌旗、道路两边的竖旗、庆典活动中的吊旗等。旗帜的种类、样式非常丰富,可根据企业特点选择使用。

旗帜是一种非常有感召力的标识物,可以将企业的标志、名称、标准色等基本要素做充分的展示,如图 3.18 所示。

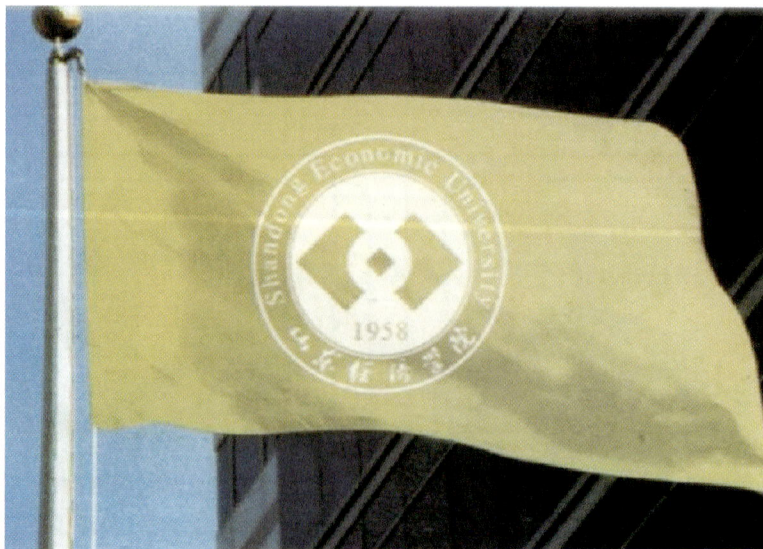

图 3.18　随风舞动的旗帜

（一）司旗

无论是企业还是机构，都要有代表自己形象的旗帜。其称谓根据具体情况而定，如公司的称为"司旗"，商店的称为"店旗"，学校的称为"校旗"等。

1. 规格

大型企业、机构司旗的规格为 1440 mm×900 mm；中小型企业、机构司旗的规格为 960 mm× 640 mm。

2. 材料及制作工艺

司旗常使用尼龙防水面料、合成纤维、绸缎等材料。为保证飘扬效果，司旗面料不宜太厚。司旗采用丝网印刷、热升华工艺或水印工艺制作，要求高时可以使用绣制工艺。

3. 使用场合

司旗在企业或机构的大门处、院内广场或主要建筑物前的旗杆上悬挂，也可搭配国旗使用。

4. 设计要求

司旗的设计要素包括企业标志、名称、标准色。由于飘动中的旗帜不易看清太多细节，所以司旗设计要简洁、明确、一目了然，尤其要突出标志及标准色两个核心要素。

（二）竖旗

竖旗通常成排使用，能很好地渲染气氛，如图 3.19 所示。竖旗分广告竖旗和形象竖旗两类。广告竖旗是根据具体的广告主题来设计的，服务于具体的广告活动。形象竖旗是展现企业形象用旗，在任何活动中均可与企业不同主题的广告竖旗一起使用。

图 3.19　竖旗的设计展示效果

1. 规格

竖旗的宽度一般为 750 mm，长度可根据旗帜放置的环境及需要具体确定。在特殊情况下，宽度、长度都可根据实际情况而定。

一般灯杆竖旗的尺寸为 750 mm×2000 mm。

2. 材料及制作工艺

司旗的材料及制作工艺适用于竖旗。竖旗上下两端固定，因此厚一点的面料也可以使用。另外，竖旗上的画面还常用电脑喷绘方法制作。对于不透气的面料，竖旗要注意开通风孔。

3. 使用场合

竖旗可用于企业的各种活动，特别是室外活动：企业的周年庆典，可在企业内外悬挂竖旗；企业赞助的大型展览会、运动会等，可在城市指定的街道悬挂灯杆竖旗，这样既可以营造热烈的气氛，又不失时机地宣传了企业，是推广企业形象的良好方式。

4. 设计要求

企业形象竖旗与司旗的设计基本一致。竖旗整个幅面完全展开，可以清晰详尽地展示其设计内容。因此，广告竖旗可以根据实际宣传需要，展现更多的企业信息，如企业精神、经营理念、广告语、产品图片、产品名称、联系方式等。竖旗的色彩也可以丰富多样，构图的变化也可以相对丰富一些，但竖旗毕竟多用于路边的室外广告，因此，整体设计效果要鲜明、一目了然。

（三）桌旗

桌旗是摆放在办公桌面及会议室桌面上的旗帜，如图 3.20 所示。

图 3.20　桌旗的设计展示效果

1. 规格

桌旗分为横、竖两种形式。横式桌旗的尺寸一般为 210 mm×140 mm，竖式桌旗的尺寸一般为 140 mm×210 mm。横、竖桌旗的插放方式有所不同：横旗斜插，似刀；竖旗垂挂，像帘。

2. 材料及制作工艺

桌旗一般要求硬挺，因在室内摆放不会被风吹雨淋，且常常被近距离观看，故要求制作精良，可采用水印工艺,甚至刺绣工艺制作。中小型企业可以采用成本较低的纸面印刷桌旗。

3. 设计要求

桌旗与司旗虽然尺寸、制作工艺差异较大,但内容和设计样式却是一致的。桌旗常和与其材质、尺寸、制作工艺完全相同的国旗对式摆放。

(四) 吊旗

与竖旗一样,吊旗多半是在一些活动中为渲染气氛而悬挂的,如图3.21所示。商业企业常在节庆期间、销售旺季,在卖场内外使用吊旗烘托气氛,为自己造势。吊旗分为广告吊旗和形象吊旗两类。广告吊旗要根据具体活动主题来设计;形象吊旗要作为VI基础设计事先完成,在活动中可与广告吊旗一起使用。

图3.21　吊旗的设计展示效果

1. 规格

吊旗常用16开、8开、4开标准尺寸;可以膜切成异形,一般在下部膜切;可以双面印刷,也可单面印刷;采用对折悬挂方式。

2. 制作工艺

大多数吊旗都采用纸面印刷,也有采用布面印制的情况,在数量较少时,甚至采用电脑喷绘工艺。

3. 悬挂方式

吊旗一般用于空间较高的环境，屋顶较低时，可以直接钉于天顶；没有附着物的情况下，可以简易用拉绳横向串挂。

4. 设计要求

吊旗的设计要求与竖旗相似，因为吊旗的作用主要是渲染气氛，所以设计风格可以适当活泼一些。另外，当悬挂位置较高时，设计更要简洁明确、易于识别，但无论如何不能脱离 VI 整体设计风格。

第五节　服饰系统

企业员工统一的着装，可以提高企业员工对企业的归属感、荣誉感和主人翁意识，改变企业员工的精神面貌，促进工作效率的提高并强化企业员工对纪律的严格遵守和对企业的责任心。设计应严格区分出工作范围、性质和特点，着装应与岗位相适应。

服装、服饰系统

一般来说，服装的色彩以企业标准色为主，可适当加入辅助色并充分发挥辅助图形的装饰作用。整体设计要突出企业形象的运用，充分考虑实用功能与形象宣传的理想结合。设计时还要考虑到服装的质料、衣扣、领带、领带夹、拉链、皮带等服饰配件。

一、服装类型

（一）办公服

办公服属于企业行政管理人员的统一工装，大多采用通行的西服样式，色彩以黑灰、蓝灰等灰色系为主，如图 3. 22 所示。这类色彩显得端庄、沉稳、成熟，适合办公氛围。男士办公服包括西服套装、领带等；女士办公服包括西服套裙、领结等。领带、领结尽量选用 VI 标准色或辅助色。文化性很强的行业，可以考虑选用有一定民族特色的办公服。

（二）工装

车间里的工人、商店里的售货员、酒店里的服务人员、建筑工人所处的环境和作业内容大不相同。根据工种类别，工装的面料和设计会有很大不同。工装的设计首先要考虑穿着者便于操作、安全、耐脏、耐摩擦。除此之外，为了强化企业形象，工装的设计还要突出企业个性、行业特征，色彩优先考虑企业标准色、辅助色，设计一般要有企业标志、标准字，如图 3. 23 所示。标志、标准字可以采用丝网印刷，也可以采用机绣。

图 3.22　办公服设计

图 3.23　工装

（三）饰物

饰物包括帽子、领带、领结、丝巾、领带夹、腰带、包、雨伞等，如图 3.24 所示。饰物大小不一、材料各异，设计时要根据实际情况选用不同的 VI 视觉要素。领带、领结、丝巾等多以企业标志、辅助图形装饰；帽子常用标志、标准字装饰；领带夹、腰带扣由于设计面积小，通常只选用企业标志。

二、员工衣着服饰的视觉识别设计原则

（一）基于企业理念原则

制服的设计要体现企业特色，表现出企业是现代的还是传统的，是开拓创新的还是传承发展的。

（二）适用性原则

不同的工作性质对服饰有不同的要求，因此设计师在衣着服饰的设计中应注意适用性原则。设计师要考虑员工的岗位：生产车间的制服，要求穿着舒服的同时，还要耐脏、易洗、方便作业；服务岗位的服装，应设计得体面、大方，具有一定特色。设计师要考虑季节的因素，设计多套服装。

图 3.24　有明显标志的衣着服饰

（三）考虑视觉效果原则

设计师要通过色彩、标志、图案、款式等设计元素表现出企业整体、统一的视觉形象。

（四）符合行业特色原则

医院、邮电、学校、宾馆、商业等机构的服饰应采用能为大众所认同的服装样式。

（五）保持整体风格原则

员工服装也可以与已设计好的视觉识别基本要素搭配，在保持整体风格一致的前提下，将企业的标准字做成工作牌、标徽或直接绣在制服上，以标准色作为制服的主要色调，以其他不同的颜色（如辅助色）区分不同的岗位性质。这样，企业员工的服装能整体体现企业的视觉形象，从而成为又一个传播企业文化的窗口。

三、应用明细

服饰应用范围包括春、夏、秋、冬行政装，春、夏、秋、冬店铺装，春、夏、秋、冬警卫装，春、夏、秋、冬工装，工作帽，安全帽，毛巾，雨具，员工证件，胸卡，徽章，领带，领带夹，丝巾，胸饰，皮带，手套，袜，鞋等。

第六节　环境指示系统

企业形象分为有形形象和无形形象。企业环境形象属于有形形象。企业环境形象主要是指企业的生产环境、销售环境、办公环境以及企业的各种附属设施,是从直观上给公众的整体感觉和印象,是企业形象重要的组成部分。VI 指导下的企业环境指示系统设计与我们日常所见到的超市、卖场、医院、学校、机场、车站的指示系统设计,博物馆展会、重大活动的展示设计有相同之处,主要是将品牌的视觉语言及品牌的信息通过环境指示系统转换为立体与空间化的视觉形式,通过环境与人的沟通来促进企业形象的建构。良好的环境指示系统设计方案,能够在扩大品牌传播力的同时,塑造出鲜活立体的品牌个性,给人带来深刻难忘的感官体验。该环节设计涉及平面设计、造型设计、环境设计等学科交叉领域,换言之,同时具备这三个领域的设计技能和经验,将会很好地胜任这一环节的设计任务。VI 指导下的环境指示系统设计,主要是指针对企业或特定的机构、场所及公共空间环境中的指示标牌,建筑楼层标识牌,道具设施等要素的整体性设计规划,如图 3.25 所示。

环境指示系统

图 3.25　VI 指导下的环境指示系统设计

VI 指导下的环境指示系统设计项目主要包括以下几种。第一是户外指示招牌类的设计,具体有入口的指示牌、名称标识牌、门楣、区域导向牌、户外立体式的灯箱、户外墙面式的灯箱、停车场的指示牌、欢迎标语牌等的设计。第二是室内指示招牌类的设计,主要包括接待台、背景板、楼层标识牌、方向指引标识牌、空间色彩导向识别牌、部门牌、内部作业流程指示牌、玻璃隔断色带等的设计。第三是区域平面示意图类的设计,包括总区域的看板、分区域的看板等的设计。第四是环境风格类的设计,包括大门外观、厂房外观、主体建筑外观、室内空间装饰风格等的设计。第五是公共符号图标及警示标识的设计。第六是公共道具设施类的设计,包括布告栏、资料架、垃圾桶、踏垫等具体事物的设计。

一、企业环境指示系统设计时需要考虑的问题

(1)要考虑在 VI 的指导下视觉与表现形式的统一与协调问题。企业环境指示系统是 VI 的一部

分,无论是大环境设计还是具体的细节表现,都要注意在空间中各个层次之间形成完整性。例如,博世软件创新公司的导视系统设计了多彩的线性图形和有趣的图标,简化了复杂的科技元素,有助于营造动感十足的工作氛围,根据工作区域的不同将信息层级划分通过信息尺寸来传达,打造了高效的办公空间,如图3.26所示。

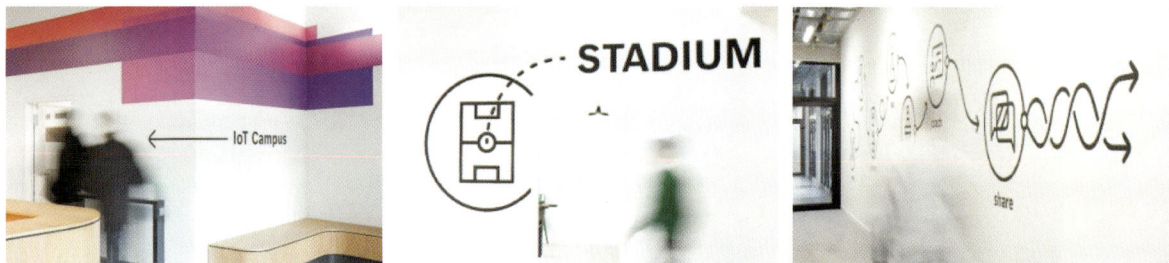

图 3.26　博世软件创新公司导视系统设计

(2)企业环境指示系统设计要考虑 CI 的其他部分,如企业理念识别系统、企业行为识别系统在多方面的耦合。企业通过企业环境指示系统的设计来进一步促进企业形象的建构。企业环境指示系统能够从不同侧面反映企业的组织管理、发展战略、社会责任等深层文化。例如,奥克兰储蓄银行运用了标识色彩等设计要素,在秩序与空间的设计中形成企业文化与企业价值观相吻合的一种设计传承,如图3.27所示。

图 3.27　奥克兰储蓄银行环境指示系统设计

(3)在保证可操作性的基础上,要考虑企业环境指示系统的个性化设计。在确保指示功能的前提下,具有差异化的指示系统形象能够体现不同的企业个性,让企业形象独具魅力,如图3.28所示。

例如为多伦多市中心的重要商业大厦进行的导视设计,设计师通过一种新的入口式的体验设计,将时尚的新标识应用于整个空间,并通过清晰的外观引导人们前往与建筑物较低楼层相连的地铁站,形成了个性化与功能性相结合的导视设计,如图3.29所示。

(4)要科学合理地进行指示系统的布点。在设计中,设计师应该对企业的环境进行合理分析,针对功能分区、车行交通、人行交通以及综合布点来进行整体的分析规划;应该从人机工程视角去考虑,使具体的指示系统设计满足人观看、使用与查找的舒适性与方便性要求。

(5)要考虑气候和人文环境。

(6)VI 指导下的企业环境指示系统设计要符合国际通行的标准。指示标识的图案样式要采用国际通行的标识,中英双语文字的标识要符合人们的书写习惯,使用的汉语或英语拼写应符合国际标准。

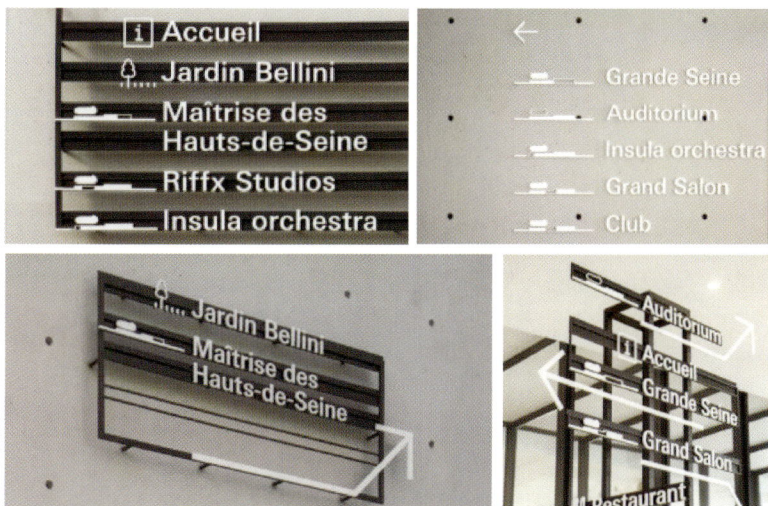

图 3.28　La Seine Musicale 音乐表演艺术中心视觉设计

图 3.29　多伦多市中心的重要商业大厦导视设计

二、企业环境指示系统的设计原则

（一）综合性的设计原则

环境指示系统的设计可以影响整个企业的风格、文化和品质。因此，环境指示系统设计的首要原则是综合性。企业环境的美是一种人为的、综合的美。在企业环境中，每一幢建筑的设计、每一个空间的布置以及视觉元素的处理等都需要经过人工精心的安排。VI 指导下的企业环境指示系统设计是造型与空间相融合型设计。它既综合了平面与空间，又综合了视觉要素，以及科学和技术等各种因素的美，形成了综合的企业环境美好形象。因此，我们说，它是一种综合艺术，体现了各学科的高度融合、彼此渗透，如图 3.30 所示。

环境指示系统
的设计原则

117

图 3.30　MADISON 丹麦购物中心品牌标识导视设计

例如,设计师可以在导视设计中以一种创造性的方式描绘学校,通过折叠的指示行为,创造指示过程必需的节奏和动力,同时对寻路的概念进行重新解释,向公众准确地传达指示性的内容,以及其中的价值观,如图 3.31 所示。每一层不同的折叠与数字指示、在 VI 指导下统一的表现形式以及标准色的应用使整套设计呈现出一种和谐的、灵动的综合之美。

图 3.31　学校导视系统设计

(二) 符号性的设计原则

VI 指导下的企业环境指示系统设计中存在大量符号,如各种导向的标识、说明,各种人工制品的样式以及各种物品的安置等,无不向人们传递着信息,指示企业环境中的活动规范、方式和程序。这些要素要经过艺术设计,高度结构化、高度信息化,才能形成具有高度美感的系统,通过符号性的象征与信息传递去建构企业的美好环境形象。如图 3.32 所示,左端的各类符号通过象征性的图形向我们传递各类布点的信息;通过观察细化设计的每个图标以及其应用途径可以发现,企业环境指示系统从形式感到造型,无不体现出信息的符号性象征与传递对建构企业的环境形象、形成规范有序的活动引导等方面具有重要且积极的意义。

图 3.32 环境导视系统设计

(三) 功能性的设计原则

VI 指导下的企业环境指示系统设计的目的是为人们提供安全、健康、舒适的工作环境与工作条件,确保标识顺畅,具有良好的指示性能是对企业环境指示系统最根本的要求,是企业环境有序化和和谐化的保障。良好的环境指示系统能够塑造优美、整洁的企业环境,表现出井然有序的气象,给人一种美观、和谐、清爽和宜人的感受,会给人一种美的享受,这样的企业无疑会给自己的员工和社会公众留下深刻的印象,对外树立起良好的企业形象,赢得企业的社会地位,便于吸引人才、技术和资金,为企业的发展提供动力。

图 3.33 至图 3.35 所示为办公建筑群环境指示系统设计。图 3.33 是通用的导视标识以及标识牌的效果,图 3.34 和图 3.35 是导视标识的应用。无论是整体的布局图还是每一个空间的导视均体现了设计者在 VI 指导下对于企业环境指示系统设计的全局意识与功能性体现。

我们从 VI 指导下企业环境指示系统设计的综合性、符号性与功能性设计原则切入,简单讲解了作为企业环境设计核心的指示系统的具体设计原则与实现路径。每个企业都有自身的鲜明特色。在具体的设计中,设计师应该具体问题具体分析,在实际的情境中,结合多元因素,综合考虑企业环境指示系统的设计与应用。

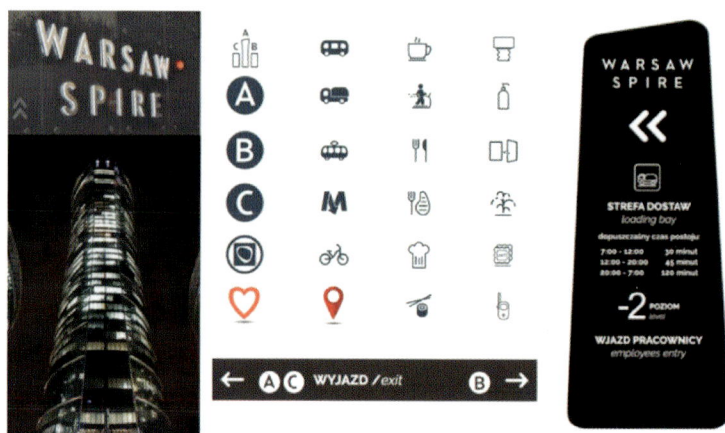

图 3.33　办公建筑群环境指示系统设计 1

图 3.34　办公建筑群环境指示系统设计 2

图 3.35　办公建筑群环境指示系统设计 3

第七节　交通工具系统

交通工具外观设计大体涉及两大类交通工具：一类是一些规模较大的企业配备的各类较为通用的车型，一般为轿车、面包车、大巴、小型货车等；另一类是专门的运输型企业（如航空公司、货运公司、客运公司）附属的各类交通设施，通常是大型且专业度高的交通工具，如飞机、火车、轮船、大巴、集装箱运输车、油罐车等。

交通系统

一、交通工具外观的设计原则

（一）识别度高

由于交通工具具有流动性大的特点，交通工具外观设计总体要求简洁、明朗、醒目度高、易于识别，如图3.36所示。尤其是交通工具上编排的文字信息，应确保在相对正常的读取距离内的识别度。过小过繁的细节设计意义不大，应尽量避免。设计师在设计中还要注意确保线条、图案的明快、大方，以能迅速引起行人的注意，同时应将品牌或企业名称置于醒目位置。

图3.36　具有醒目标志及标准字的车身

121

(二)整体化包装

交通工具是活动的广告媒体,投资小,但收效显著。尤其对于运输型企业来说,交通工具是企业对外传播的首要载体。例如,联邦快递公司旗下的各类运输工具,大到飞机,小到摩托车的车身设计,形成了颇具规模的整体化包装,使企业形象深入人心,如图 3.37 所示。

图 3.37　联邦快递标志及交通工具形象环境与展示应用

二、交通工具外观的设计要点

交通工具外观设计的开发,重在企业标志及其变体设计的构成组合,尤其是与车体、车窗、车门构成的整体协调设计。在将企业的名称、标志运用于企业车辆外观的设计开发过程中,除了设计本身要热烈、醒目、活泼外,设计师还应注意以下问题。

(一)视觉形象统一

车辆外观的设计应与企业名称、产品名称、标准字、标准色的设计一致,因为车辆的图案实际上代表了企业的整体风格,各种车辆在视觉上的一致性能形成具有典型特征的视觉形象。车辆的侧面可以运用企业标志、标准字、象征图案、吉祥物、产品形象等组合,车辆的后面可应用企业的标语、广告语等,从而形成统一的视觉形象,如图 3.38 所示。

(二)量身设计

不同的交通工具构造、体积不尽相同,甚至悬殊,设计师要依据其不同的特征进行量身设计:大货车的车身设计要求大气、具有整体性,注重远观效果;小汽车的车身设计要内敛、精致。同时,设计师要了解不同交通工具的重点展示部位,如飞机的尾翼、火车的车头、厢式货车的箱体部分等分别是这些交通工具相对重要的设计部位。总之,企业交通工具的外观设计,应利用其车型特点,充分发挥视觉要素的延展性,如图 3.39 所示。

图 3.38　具有统一视觉形象的车辆

图 3.39　较长的车体要充分发挥色带的表现力

思考与练习

1. 什么是应用要素系统？它由几部分组成？

2. 简述办公事务系统的设计原则。

3. 简述交通工具系统的设计要点。

Qiye Shijue Xingxiang Xitong Sheji

第四章

编制 VI 手册

编制 **VI** 手册

第一节　VI 手册的功能

一、便于管理

VI 设计完成后，大量的导入工作随之而来。纸面化的内容在成为现实的时候，VI 手册便成为导入工作有序进行的重要保证。项目的分类给导入工作的责任分工指明了方向；项目间的关系给导入工作的先后顺序提供了良好的参照；详尽的说明和限定条件可以帮助实施者快速、有针对性、保质保量地展开工作。除此之外，VI 手册在导入完成后的维护工作中，也会成为很好的管理帮手。总之，开发项目的繁多是建立统一视觉形象的一个重要特点，而 VI 手册则是集繁多项目于一身时能够顺利、准确执行的有力保障。

二、技术保障

VI 设计是一项技术性很强、涉及面很广、执行难度很大、费时、费用很高的工作。它不仅牵扯艺术设计的方方面面，更是一项艺术与技术结合的综合性工作，专业跨度、行业跨度、技术领域跨度都很大。例如，旗帜的制作会与各种纸面印刷、纺织面料的材质和印染技术相关；旗帜的相关规格和使用规定也需要进行界定；旗帜有悬挂方式，有发布规则；有些旗帜在具体的应用中还需要将主题内容进行展开设计；旗帜有着多种类型，分别执行各自的使命，在手册中也需要详尽说明。可以看出，没有 VI 手册对这些内容进行详细的表述，VI 的导入是不可想象的。VI 手册是 VI 导入和维护的系统性技术保障。

三、利于实施

有了 VI 手册之后，在企业视觉形象的建立和推进中，管理规范、制作方法、工艺要求等一应俱全，便于管理，更利于实施。

第二节　VI 手册的编辑

一、体系

VI 手册的编辑可以从成册角度进行,可以根据 VI 的内容、体量来考虑,也可以从便于执行的角度来考虑,还可以从项目类别的区分方面来考虑,重要的是应根据企业的管理特点来考虑:在体量适中的情况下,可以编为一册;体量较大时,可以分册编辑。为了便于执行和维护,可以从企业内部管理的角度进行分册,如根据媒体部、产品部、总务部等部门工作重点的不同而予以具体的内容指示。内容较多时,也可以根据项目类别进行分册,如平面册、环境册等。

企业性质不同时,应该根据其性质进行分册。例如,美国可口可乐公司的 VI 手册分为 6 册,并以专门的系统进行分类,包括基本设计系统、包装系统、饮具系统、展示系统、赠品系统、招牌系统、广告系统、服装系统、车辆系统等。手册规模相当庞大,但管理起来却容易做到井然有序。不同品牌的 VI 设计如图 4.1 至图 4.8 所示。

二、结构体例

VI 手册的编制使企业 VI 系统更完整、规范,更符合国际 VI 设计和操作习惯,有利于企业 VI 战略的贯彻执行。VI 手册的内容具有完整性和概括性的特点,为社会大众翻阅及在具体宣传中应用提供了方便。另外,根据各企业的情况不同,VI 手册的内容也存在差异,以下三个部分是 VI 手册的结构基础(企业可以在此基础上对内容进行增加或删减)。

(1)VI 总述部分,包含企业领导致辞、企业经营管理理念和发展规划、VI 手册的使用方法和说明。

(2)基础要素部分。

①标志。手册中包括企业标志的标准图、设计说明、标志、墨稿、反白稿、标准化制图及标志的适用范围、使用规范等。

②标准字。手册中包括企业中外文全称专用字体、企业中外文简称专用字体、标准化制图、企业宣传口号、企业广告语及标准字的使用规范、适用范围、书写格式、既有格式和变化形式等。

③标准色。手册中包括标准色的具体设置(通常是在 CMYK 模式下)、使用规范、适用范围、注意事项等。

④辅助色。VI 手册中包括辅助色的具体设置(在 CMYK 的色彩模式下)、使用规范、适用范围、注意事项,以及与标准色组合的规范、原则等。

图 4.1　曹祥泰 VI 设计 1

（设计者：武昌工学院视觉传达设计 2001 班李晨露　指导教师：苏亚飞）

　　⑤辅助图形。手册中包括辅助图形的样式、使用规范、适用范围，以及与其他要素组合的规范、原则等。

　　⑥规范组合。手册中包括横轴式组合、中轴式组合、竖轴式组合、各要素的变形在不同环境下的标准形式、使用规范、适用范围等。

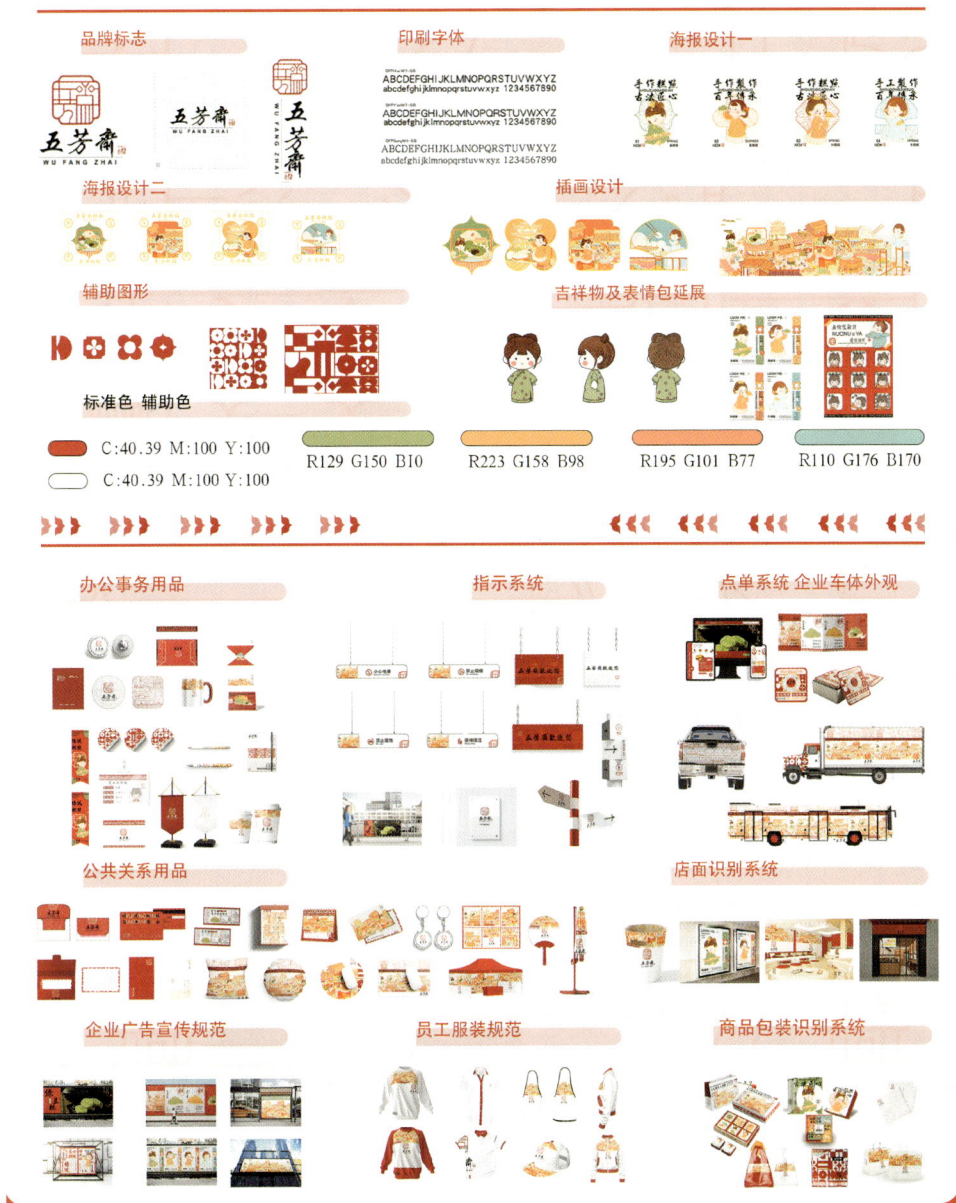

图 4.2　五芳斋 VI 设计

（设计者：武昌工学院视觉传达设计 2001 班霍玉杰　指导教师：苏亚飞）

（3）应用要素部分。

①办公用品。手册中包括名片、信纸、信封、资料袋、稿纸、招标书、合同书、企划书等项目，具体包括各项目的规格、格式、用纸的种类、各部分的比例、使用范围及成品模型的图片等。

②身份识别。手册中包括工作证、胸牌、挂牌、徽章台卡、会员卡等项目，具体包括各项目的尺寸、格式、用纸或材料的种类、规范组合的位置、产品的图片。

③产品包装。手册中包括外包装、内包装、吊签、说明书等项目，具体包括各包装上的辅助图形的运用规范、各要素规范组合的位置、材料的选用规范和成品图片等。

④广告媒体。手册中包括贺卡、邀请函、企业杂志、宣传册、POP 手绘广告、墙体广告、灯箱广告等项目，具体包括各项目的造型、各要素规范组合的位置、标准色的运用规范、广告媒体放置的位置等。

图 4.3　老通城 VI 设计 1

(设计者:武昌工学院视觉传达设计 2001 班刘若瑜　指导教师:苏亚飞)

⑤旗帜。手册中包括司旗、吊旗、桌旗和竖旗等项目,具体包括各旗帜的规格、尺寸、使用范围、适用范围,标准色、辅助色、辅助图形和象征图形的运用规范,各要素规范组合的位置和成品图片等。

⑥指示牌。手册中包括公司名称牌、公司平面图、门牌、警示标示、导向标等项目,具体包括各项目的内容、格式、尺寸、适用范围及各要素规范组合的位置和成品图片等。

⑦职员服饰。手册中包括管理人员制服、员工制服、运动服、领带、领结、帽子和围巾等项目,具体包括各项目的款式、材料及各要素规范组合的位置、标准色的运用规范和成品图片等。

⑧交通工具。手册中包括货车、客车、通勤车、船只、卡车和飞机等项目,具体包括各项目的造型、各要素规范组合的位置、标准色的运用规范、辅助图形的运用规范和成品图片等。

⑨展示。手册中包括企业形象墙、门楣、展板、展架和货柜等项目,具体包括各项目的造型、尺寸、比例及标准色的运用规范、辅助图形的运用规范、广告的位置、各要素规范组合的位置和成品图片等。

图4.4　老通城VI设计2

(设计者:武昌工学院视觉传达设计2001班刘若瑜　指导教师:苏亚飞)

⑩公关礼品。手册中包括伞具、钥匙牌、挂历、礼品盒、贺卡和手提袋等项目,具体包括各项目的造型、尺寸、设计说明及各要素规范组合的位置和成品图片等。

总之,VI手册的编辑体例可以根据企业的具体情况设定,以下体例仅供参考。

1.封面、封底

2.项目说明

3.项目目录

项目目录分为两种方式,两种方式可以同时使用。

(1)项目名称目录(无页码标示,对应项目编号)。

(2)项目图样目录(无页码标示,对应项目编号)。

4.基本设计系统类

(1)项目名称(一个图样一个名称)。

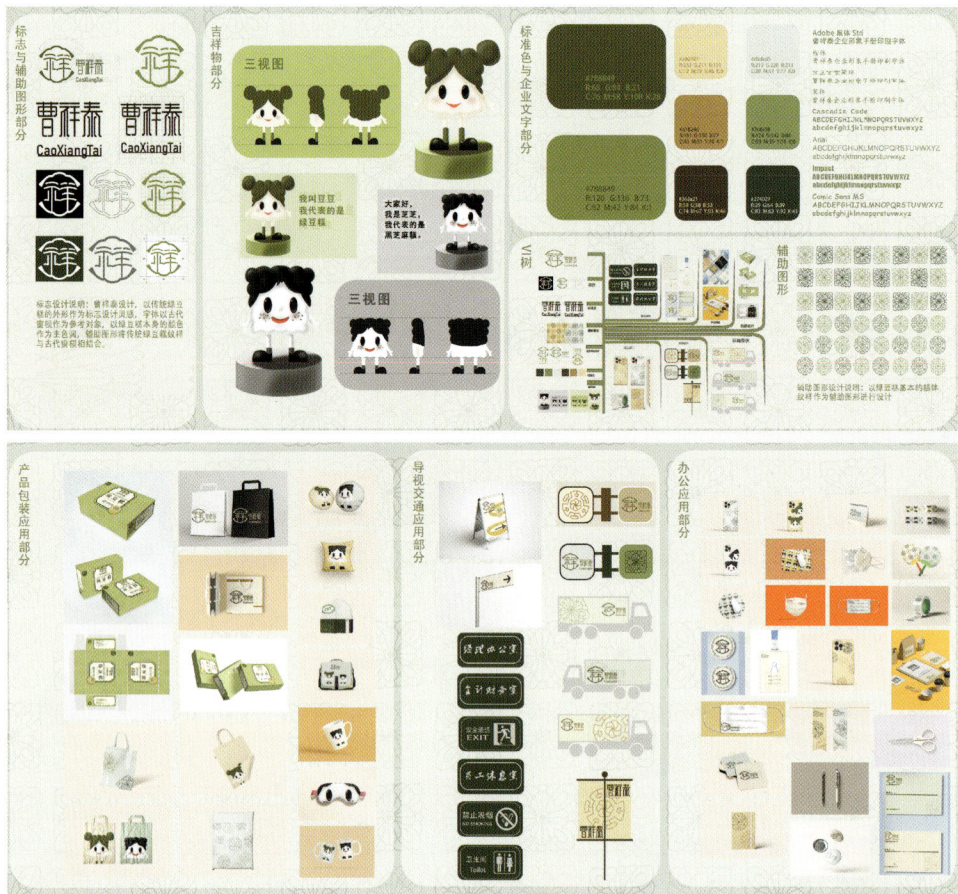

图 4.5　曹祥泰 VI 设计 2

（设计者：武昌工学院视觉传达设计 2001 班郭娜赫　　指导教师：苏亚飞）

（2）项目编号（一个名称一个编号）。

（3）项目图样。

（4）项目释义。

（5）项目制图。

5. 应用设计系统类

（1）项目名称（一个图样一个名称）。

（2）项目编号（一个名称一个编号）。

（3）项目图样。

（4）项目图样示例。

（5）项目说明（项目意义、项目特征）。

（6）项目制图（或规格）限定。

（7）项目工艺限定。

（8）项目材料限定。

（9）项目安装说明。

（10）项目容许度说明。

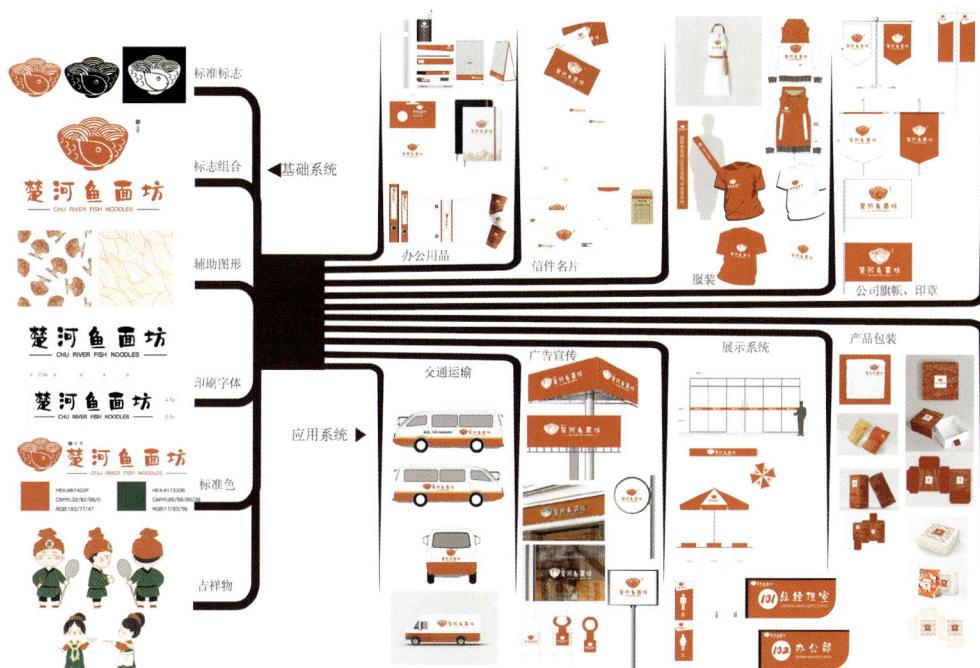

图 4.6　楚河鱼面 VI 设计

（设计者：武昌工学院视觉传达设计 1901 班高尚　指导教师：苏亚飞）

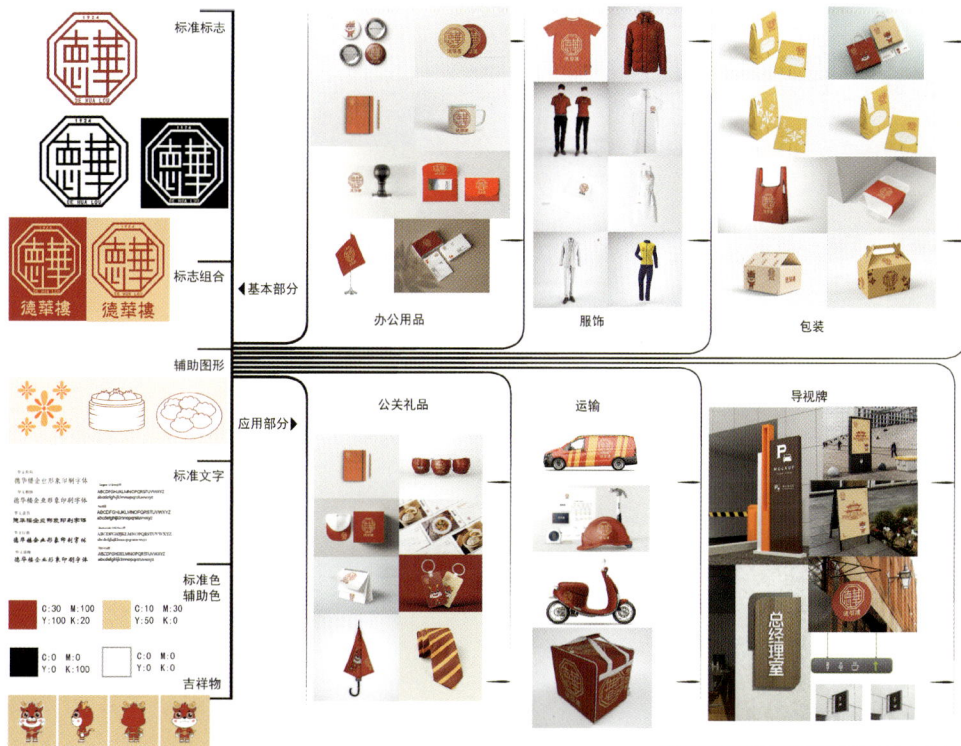

图 4.7　德华楼 VI 设计

（设计者：武昌工学院视觉传达设计 1901 班李青青　指导教师：苏亚飞）

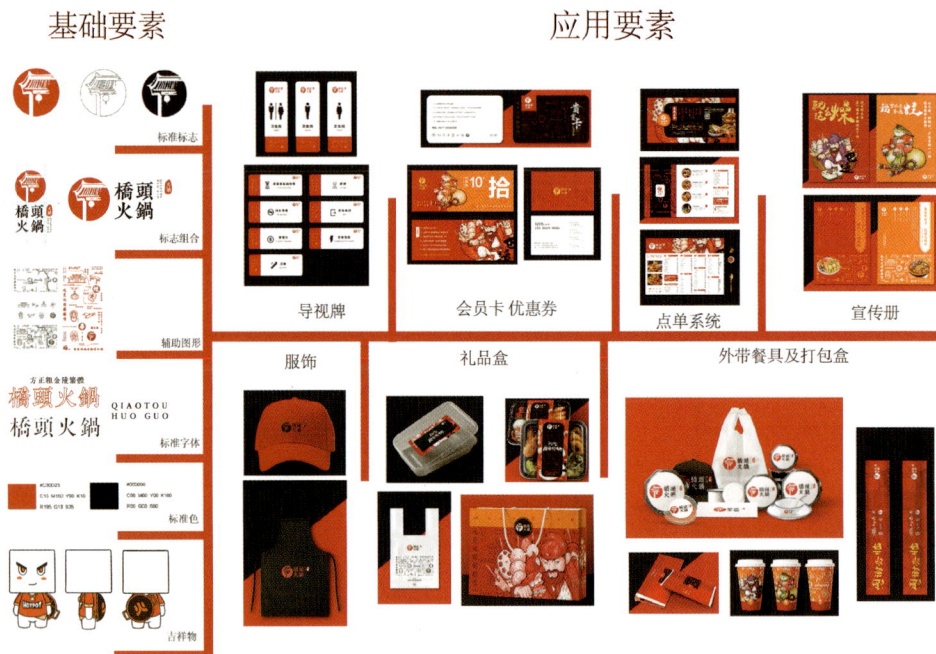

图 4.8　桥头火锅 VI 设计

(设计者:武昌工学院视觉传达设计 1901 班汤子晨　指导教师:苏亚飞)

第三节　VI 手册的设计

一、VI 手册风格

设计师在进行 VI 手册设计时可以有自己独到的追求,通过一些有特点的装饰形式增强版面特征,形成特有的阅读顺序和视觉感应,并在设计中始终将主体进行突出表现,使阅读顺畅、信息完备,如图 4.9 所示。

二、VI 手册编排

(一) 视觉顺序

主体元素为项目图样或项目制图,二级元素为项目释义或说明等内容,附属元素为项目名称、编号。标题以及装饰元素虽然不是阅读重点,但在设计中往往是风格形成的重要原因。设计师在设计中可以通过缩小面积进行阅读顺序引导。

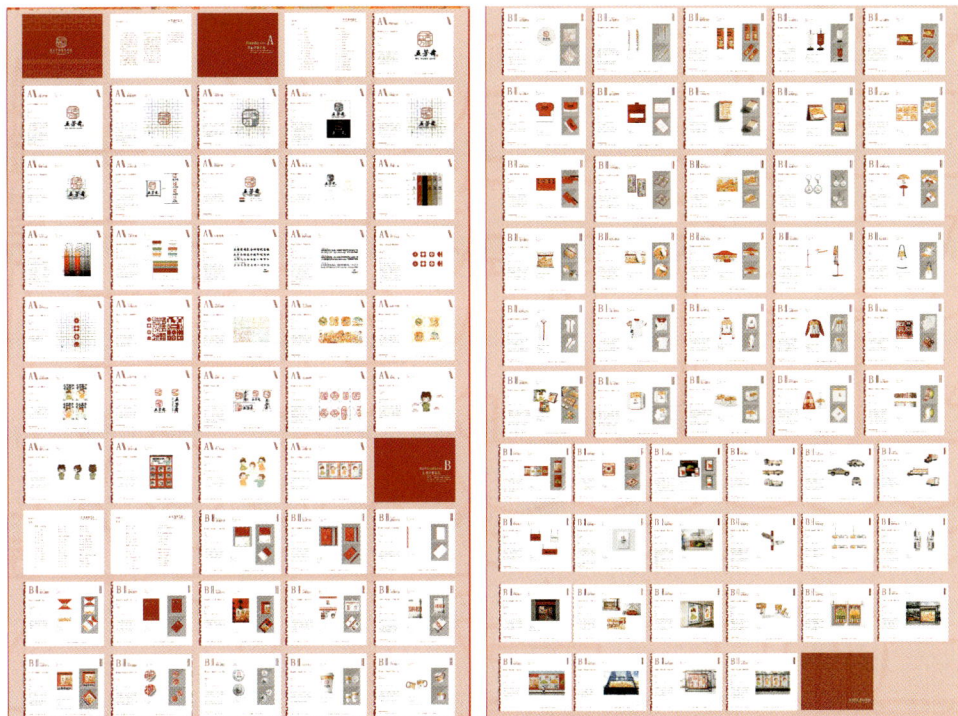

图 4.9 五芳斋 VI 手册设计

（设计者:武昌工学院视觉传达设计 2001 班霍玉杰 指导教师:苏亚飞）

（二）版面

设计师根据设计风格确定版面方向,横、竖版均可,一般为 A4 幅面。有特殊要求或版面不够时,可以扩大版面面积,但应在装帧时通过折叠使版面小于 A4 幅面,使手册外观规整。

（三）版式

设计师根据视觉元素的主从关系,对手册版面进行布局与规划,设计出基本的版式模板,使所有项目的版面均套用该模板,形成统一的手册风格,是手册编辑制作工作能够提高效率的前提。

三、VI 手册设计方法

（一）标题

设计统一的标题样式,在手册中自始至终加以贯彻;在标题栏中将名称、编号等信息进行组合表现,使琐碎的内容能够形成较好的整体感,提升版面的阅读效果。

标题的设计是 VI 手册风格形成的重要原因,表现余地非常大,位置也有多种选择;由于集中了多种信息,在构成中要组织好疏密、层次关系,可以将色带等辅助图形元素加以运用。

（二）背景

使用白色作为版面背景是最常见也是最合理的处理方法,这是因为白色可以对所有的设计项目进行清晰的衬托,将造型、色彩进行准确的表现,如图 4.10 所示。有些为了追求特殊的风格和效果的手册,使用有色背景,将项目内容以白色或浅色进行表现。这种背景的选用往往是因为企业的形象用色整体较浅,须通过加重背景传达这一特点。

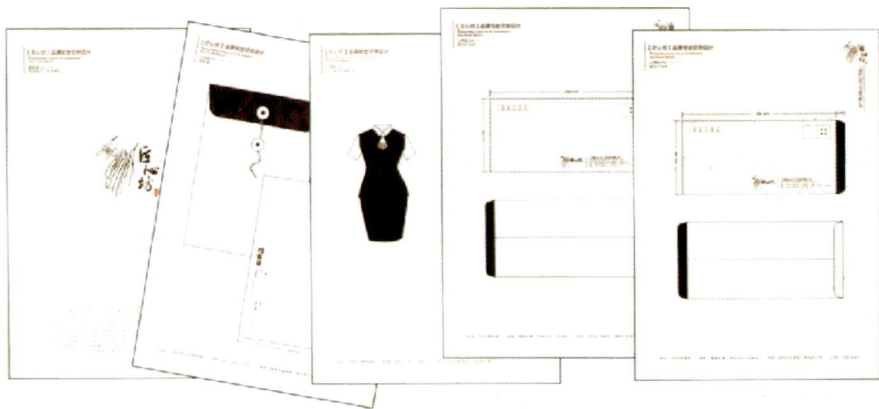

图 4.10　使用白色作为版面背景

（三）装饰

设计师也可以在版面中使用一些装饰元素。这些元素并非有效的阅读元素,只是在版面中进行活跃性、装饰性体现,奠定某种风格或提升品质。装饰元素和手段的运用切忌影响主体,成为视觉羁绊。

（四）构图

构图以视觉主体的位置为重心。重心不一定要置于版面中心位置,根据手册设计的整体风格,可以有意识地通过重心的偏移来营造独特效果。

四、VI 手册的制作

（一）VI 手册印制

1. 胶版印刷

胶版印刷属于传统印刷工艺,需要将设计稿制版后再进行印刷,印刷质量较高。由于有制版环节,相对来讲成本较高,因此胶版印刷适用于印量较大的手册。一般来讲,VI 手册的用量较小,选择胶版印刷必然花费很大。所以,如果要追求高质量手册效果,可以采用印刷打样的方式,在比较接近胶版印刷的前提下降低印刷成本；也可以选择小型胶版机印刷，但印刷质量与大型机器有一定的差距。

2. 无版印刷

无版印刷是在数码印刷机上直接印制，无须制版，适用于印量不多的情况。在目前的技术条件下，无版印刷的印刷质量与胶版印刷相比略逊一筹。但从打印效果来讲，显然无版印刷的质量较高，而且保存时间可以与胶版印刷媲美。

3. 数码印刷

数码印刷的特点是快速、无版，成本较低。其中激光打印质量较高，喷墨打印质量最逊。打印的文件不具有长期保存效果。

（二）VI 手册装订

VI 设计是有始无终的前进型工作，从设计展开那一刻起，就走上了一条反复修订、不断完善之路。在大规模、集中性的设计工作完成后，即使在导入开始之后，增加和修改工作也是一定存在的。VI 手册的活页装订方式正是对这一特点的良好注解。

无论 VI 手册有怎样的装帧设计风格，在一般情况下，其中的页面均采用可灵活取阅、调换、增删的活页装订方式，这也是 VI 手册在编辑中无页码设定的重要原因，如图 4.11 所示。因此，编号的科学性、合理性就变得十分重要了。编号的方式一定要为后续的增删、调换、取用等工作留有余地，保证手册在管理、运用中便于查找、对照。

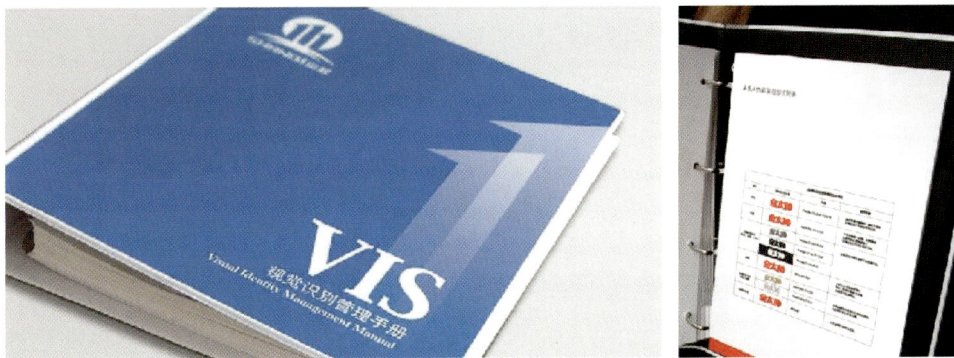

图 4.11　活页装订易于增删作业

五、VI 手册使用管理

另外，VI 手册在使用一段时间后，应结合企业的发展情况进行适当的修订，以适合企业发展的需求。VI 手册的管理和维护是一个动态的过程。虽然制作手册是建立在详尽的调研、精心的设计的基础上的，但在实际应用中因为种种原因仍然会产生一些出入。因此，设计执行部门应配合设计机构对手册进行管理和维护并及时更新。公司上下应严格依照预案手册内容实施，做出实时判断并正确地使用设计手册,做到步调明确、执行到位。绝不允许根据自己的意图擅自进行增补,以维护 VI 手册的元素和规范性。在导入 VI 的过程当中,随着企业自身发生的变化、企业所处竞争环境的变化,存在着增补或变更的可能,如果遇到了手册中没有涉及的情况,企业应及时将信息反馈并做出必要的修改、调整,制订出新的用法和规定,做到 VI 手册运行的运动跟踪。企业应依据 VI 手册的分类、编号,有针对性地增强手册在使用和管理中的实用性。

第四节　案例赏析

一、国家京剧院

1)项目背景

国家京剧院在 2005 年 5 月迁入位于北京金融街的新办公大楼,2007 年梅兰芳大剧院正式竣工。作为中国规模较大的文化机构,国家京剧院尚未拥有自己的形象识别系统,所以希望借此机会,正式导入 CIS,树立第一艺术团体的形象。

2)面临挑战

中国戏剧有 800 多年的历史,在全国 300 多个戏曲剧种中,京剧是观众最广泛、最具有代表性的剧种,有国粹的美誉。设计师在设计时面临的挑战为将客户对京剧的深刻理解借助品牌设计注入其形象,同时提升行业影响力和声誉。另外,标志的应用范围之广也是困难之一,小到门票,大到建筑,不仅要满足国人的口味,而且要让国际友人认同。

3)解决方案

标志设计的解决方案深刻体现了京剧艺术"手眼相生"的概念,同时半边脸的设计正好寓意着京剧"联想性"的特点,如图 4.12 和图 4.13 所示。

标志设计思路 2

标志利用旦角面部的局部特写为造型基础,进行艺术夸张,在似与不似之间达到传神的境界,表现了中国式的美与中国传统美德;标准色采用京剧基本元素上五色中的黑、白、红三色,从构思到构图体现出高远的审美格调。标志塑造了一个专心表演的京剧演员的形象,充满了凝视的深邃,表现出表演的投入。梅花寓意"香自苦寒来",也是向梅派的致敬。五瓣则象征了手、眼、身、法、步,生、旦、净、末、丑,喜、怒、哀、乐、惊,红、黄、蓝、白、黑,宫、商、角、徵、羽,形神兼备,与主标融为一体,共同构建出充满流动气韵的国家京剧院标志。

二、张小泉

张小泉是一家老字号企业,也是刀剪行业中的中国驰名商标。那你知道张小泉的第一代品牌标

图 4.12　国家京剧院标志

图 4.13　国家京剧院 VI 应用部分

志是什么样的吗？1781 年,乾隆御笔亲题"张小泉"三字赠予当时作为贡品的张小泉剪刀,能获得帝王御赐殊荣,可见张小泉早在清朝时期便已奠定国货之光的地位。1904 年,第一部商标法落地,作为刀剪行业的头部品牌,张小泉快速响应注册了第一个商标,这一商标就是张小泉的初代标志,也属于我国商标注册史上第一批注册商标,如图4.14所示。

而后的百年时间里,张小泉不断革新,在商标上进行了6次升级,以适应不断发展的时代审美以及当下需求,更精准地向消费者传递品牌精神和文化,同时一步步向博大精深的中式美学及传统文化致敬。张小泉全新品牌标志由"张小泉"书法体、融合传承印章构型与剪刀工艺特征的"泉"字徽、表明品牌历史的标注共同组成,由黑色与金色搭配,彰显出企业的沉稳、坚定,如图4.15和图4.16所示。视觉主体采用张弛有度的"张小泉"书法体,体现张小泉对传统民族文化的坚守。篆体"泉"字的图形徽标、饱含东方美学韵味的印章构型设计的灵感来自剪纸工艺和刀刃的弧形。1628年是品牌创立时间,作为品牌背书,传递张小泉近400年来不平凡的发展历程。品牌"良钢精作"的祖训及工匠精神传承至今。

图4.14　1904年张小泉第一个品牌商标

图4.15　张小泉全新标志

图4.16　张小泉 VI 包装应用

三、庄永大

2020 年,庄永大年糕品牌为打开新零售市场正式开通线上电商平台,借由这次机会进行了整体品牌形象焕新升级,打造了全新的品牌包装系统。年糕,承载了中国人对于美好生活的希望和精神寄托。发扬中国传统年糕文化"年糕年高,岁长情长"的精神情怀,对于老字号品牌的发展有着深远的意义。在品牌焕新中,将这种精神情怀与品牌文化相连接,使用现代的品牌视觉表现方式,可以让传统年糕文化在现代生活中更好地演绎,也可以让消费者感知到品牌所传达的文化与精神内涵。此次老字号品牌焕新将传统文化用现代的视觉语汇演绎新生,打开了传统老字号年糕品牌行业的新篇章。但是该品牌面临的挑战不仅是品牌的焕新工作,更是庄永大年糕品牌 100 多年的匠心精神的传承。设计师在设计时采用现代绘画手法融合并提炼中国传统古典元素,将原有品牌形象在传承中焕新。此外,基于消费者对于小包装速食的需求和市场对于天然营养健康食品的需求,庄永大在结合自身产品优势的前提下转变传统包装形式,做出更符合市场的产品,同时在品牌包装视觉方面将传统年糕文化与现代视觉表现融合,打造了适应现代年轻市场的年糕品牌,如图 4.17 和图 4.18 所示。

老字号品牌
创新设计

图 4.17　庄永大原品牌形象

图 4.18　庄永大新品牌形象

设计师通过庄永大清晰的品牌方向,挖掘出庄永大年糕品牌的三大核心价值,如图 4.19 所示。

设计师在品牌标识设计上继承庄永大品牌历史人物形象资产,提取古代纹饰元素,结合现代的设计表现手法优化视觉形象,采用仿版画形式刻画,增加人物笑容和服饰细节让其更具有亲切力,同时保留庄永大老字号牌匾中的书法字体,让整体标识兼具百年老字号品牌的历史文化氛围和现代的视觉美感。

为了更好地满足庄永大在传承中创新的诉求,设计师在品牌符号的提炼中,提取慈城传统古建筑

壹　　　　　　　　贰　　　　　　叁

百年老字号
品质信赖　　　百年匠心　　情怀传承

图 4.19　庄永大品牌的三大核心价值

特点,用现代的设计表现手法将其组构延展,如图 4.20 和图 4.21 所示。设计师秉承"常怀喜悦在心头"的品牌主张,将传统年糕文化中的"年糕年高,岁长情长"美好寓意及精神内核传递给更多消费者,构筑出专属庄永大年糕品牌的独特文化内涵。品牌符号也很好地在产品包装中融入品牌概念,在产品中进行延展塑造,满足不同产品线生产要求及口味需求,如图 4.22 所示。

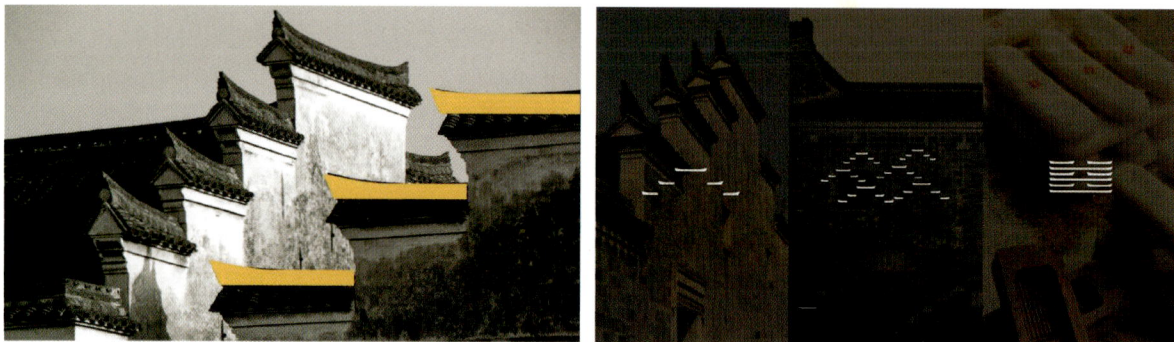

图 4.20　品牌符号提取

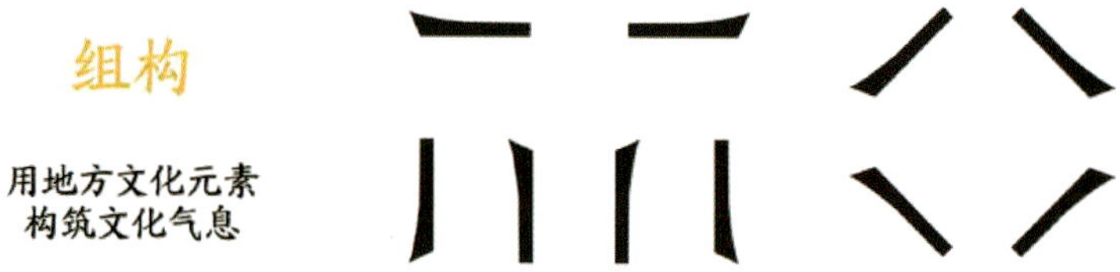

组构

用地方文化元素
构筑文化气息

图 4.21　用地方文化元素构筑文化气息

设计师在插画上使用传统版画的艺术创作手法,通过构建新的故事场景,还原年糕的古法手工艺制作过程;整体版画既保留了刀刻的韵味,又有现代插画的笔触,这种古朴自然的艺术风格与当代插画设计表现手法碰撞出不一样的视觉效果,如图 4.23 所示。

庄永大年糕品牌字体选用的方正盛世楷书源于北魏写经残卷。北魏时期,楷书还处于发展阶段,遗留着鲜明的隶书痕迹。相对传统楷书,方正盛世楷书风格更为硬朗,中宫宽阔许多,笔画流畅,起笔和收笔分明,笔笔坚实又富有弹性。其笔形汲取传统墨迹的笔意,与庄永大传统年糕文化历史渊源相契合。

色彩是品牌在人们心中构建品牌辨识度的有力工具,是一把打开消费者心灵的无形钥匙。色彩

图 4.22　品牌符号在产品包装中融入品牌概念

图 4.23　庄永大品牌插画

如果能够得到有效运用,会产生一种无形却非常有效的沟通作用。为了更好地传达庄永大的传承精神,设计师从其文化内涵中提取了四种最具代表性的颜色(传承红、丰收黄、年糕白、瓦砾黑)作为庄永大的品牌色主色调,如图 4.24 所示。

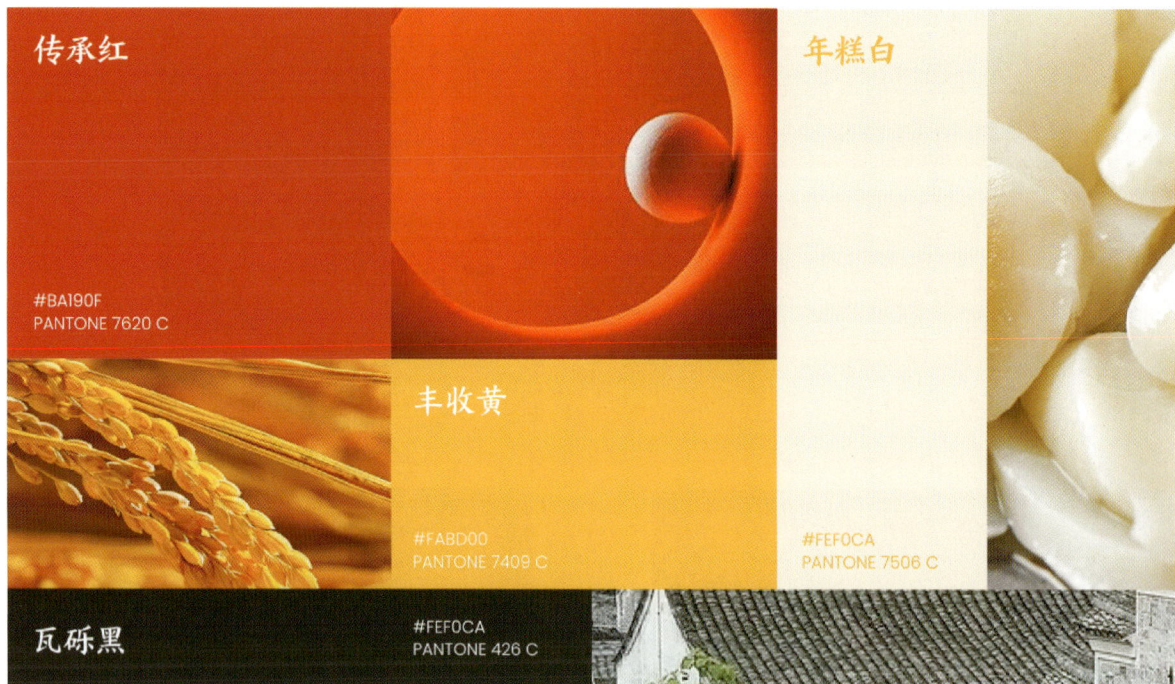

图 4.24　庄永大的品牌色主色调

在影像的选取上,设计师传承"年年高,生活一年更比一年好"的美好精神寓意,将年糕这一文化符号通过影像转换成生活中的平凡喜悦,带来"常怀欢喜在心头"的愉悦心情,使家人团聚吃年糕的喜悦、与好友分享美食的快乐成为一种喜悦的传递。设计师通过整体品牌设计焕新带来特别的品牌体验,传递出庄永大年糕品牌所承载的百年老字号品质信赖、匠心精神、情怀传承的文化底蕴,如图4.25所示。

图 4.25　庄永大广告系统应用

四、德华楼

德华楼是武汉饮食业的老字号,在 2015 年被认定为"湖北省老字号",是天津人李焕庭于 1924 年创建的,传统名吃"德华水磨年糕""德华小包"和"德华北方水饺"被国家授予"中华名小吃"称号,闻名武汉,可以说是武汉饮食的地标。

　　老字号进行品牌升级,是一个需要很大魄力和勇气的决定。一方面,德华楼想在产品和文化上不断创新;另一方面,新形象要继承历史文化,需要在设计上兼顾传统历史和当下。老品牌进行形象升级,都会遇到同一个难题:老品牌的设计不能忘本,因为要传承,但是在今天这个时代,还要思考与现代接轨。一般的符号化标志没办法很好地展现德华楼的历史底蕴;德华楼不止一款核心产品,无须通过设计产品来突出整个德华楼厚重的历史和文化。为了能体现一个历史品牌的包容性和厚重感,设计师在设计时将字的重心放在了"华"字上而不是"德"字上,将它作为标志的设计核心,在设计上将字体做了艺术图形化处理。设计没有使用传统的书法体,而是使用了现代感更强的几何线条。粗细、长短不一的线条让整个标志看起来更有空间感,如图4.26所示。标志的设计灵感还来源于年糕与古楼牌建筑,如图4.27所示。最终的标志造型像一座古楼,既比喻德华楼,又能体现品牌的历史感。

年糕

传统建筑

图4.26　德华楼标志　　　　　　　　　　图4.27　德华楼标志符号提取

　　标志色彩采用了具有中国传统文化韵味的枣红色,热烈而又庄重,充满沉稳的气息,如图4.28所示。辅助色选用古老宫殿的金色,既能彰显老字号的气质,又能展现对未来的期望,如图4.29所示。

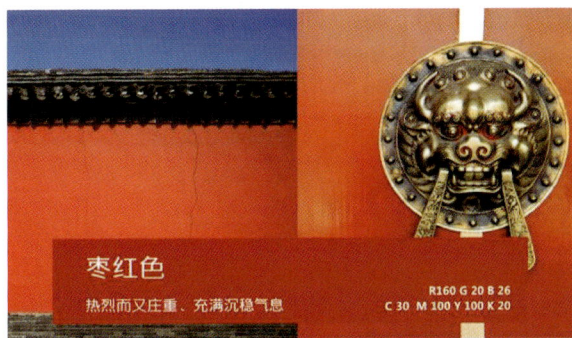

图4.28　德华楼标准色

图 4.29　德华楼辅助色

老字号的品牌升级,要让设计有充足的包容性,让传统文化和现代时尚在其中得以共融,用历史文化拓展深度,用现代的审美强化认知,如图 4.30 所示。

图 4.30　德华楼 VI 应用要素

思考与练习

1. VI 手册包含哪些内容?

2. 请简述你对构建 VI 手册体系的理解。

3. 进行 VI 手册的编辑、设计,并装订成册。

［1］ 屈爽,贾红晨,胡素赟.企业形象设计与实训[M].2版.哈尔滨:黑龙江美术出版社,2020.

［2］ 邓玉璋.CIS设计基础[M].武汉:武汉大学出版社,2008.

［3］ 林采霖.品牌形象与CIS设计[M].2版.上海:上海交通大学出版社,2016.